«Willst du mein Stall sein?»

«Willst du mein Stall sein?»

Vesna Tomas

In diesem Buch sind einige Zitate aus «Aviva und die Stimme aus der Wüste» von Vesna Tomas enthalten, erschienen 2020 bei Joh. Brendow & Sohn Verlag GmbH, Moers. Abdruck mit freundlicher Genehmigung.

Wenn nicht anders gekennzeichnet, sind die im Text enthaltenen Bibelzitate aus: Bibeltext der Schlachter Copyright © 2000 Genfer Bibelgesellschaft Wiedergegeben mit freundlicher Genehmigung. Alle Rechte vorbehalten.

Weitere Bibelzitate:
Bibeltext der Neuen Genfer Übersetzung – Neues Testament und Psalmen (NGÜ) Copyright © 2011 Genfer Bibelgesellschaft
Wiedergegeben mit freundlicher Genehmigung. Alle Rechte vorbehalten.

© 2024 Vesna Tomas

Verlag: BoD · Books on Demand GmbH, In de Tarpen 42, 22848 Norderstedt
Druck: Libri Plureos GmbH, Friedensallee 273, 22763 Hamburg
ISBN: 978-3-7693-0684-2
Lektorat, Satz und Layout: Esther Middeler – Middeler.com
Korrektorat: Nadine Weihe – lektorat-weihe.de
Foto Coverbild: Janine Balzarini
Zeichnungen im Buch: Danuka Ana Tomas / Janine Balzarini

Inhaltsverzeichnis

Stimmen zum Buch

Ich kenne Vesna schon lange und habe viele ihrer Prozesse miterlebt, von denen sie in ihrem neuen Buch berichtet. «Willst du mein Stall sein?» ist mehr als eine Geschichte, es ruft und fordert den Leser auf, zur Selbstreflexion und zu einer echten Herzensbeziehung mit Jesus zu kommen.

Mir sind einige Menschen in den Sinn gekommen, die durch ähnliche Schwierigkeiten wie Vesna gehen mussten und noch immer nach Heilung suchen. «Willst du mein Stall sein?» ist eine geistliche Fragestellung, zeigt aber auch durchlebte geistliche Hilfe auf. Das finde ich sehr wertvoll. Es ist ein Buch für jeden Menschen, egal woran er im Moment glaubt oder worin er im Leben gerade steckt.

Vreni Müller
Fürbitterin und Seelsorgerin

Gott sucht uns. Dich. Und mich. Jeden Einzelnen von uns. Er meint uns wirklich, ganz persönlich. Er will uns nahe sein, wie niemand sonst das kann. Er möchte unsere tiefste Sehnsucht stillen. Und er will in uns Wohnung nehmen.

Das bringt Vesna Tomas mit der Metapher des Stall-Werdens so treffend auf den Punkt. Ihr Leben ist durchdrungen von seiner heiligen Gegenwart. Für mich ist sie eine moderne Mystikerin, die weiß, wovon sie spricht, weil sie es selbst erlebt, dass Gott REAL ist. Wer ihr erstes Buch, den Fantasyroman «Aviva und die Stimme aus der Wüste», gelesen hat, bekommt eine Ahnung von der Tiefe ihrer Gottesbeziehung. Seit frühester Kindheit ziehen sich intensive Erfahrungen mit Gottes Stimme und übernatürliche Begegnungen mit der Dreieinigkeit wie ein silberner Faden durch ihr Leben. Trotz der schwierigen Umstände, oder gerade deswegen, ist ihr Leben verwoben mit Beweisen SEINER Güte und Freundlichkeit.

Vesna Tomas gehört Gott mit Haut und Haaren. Sie ist sein Stall geworden. Und sie lädt uns mit diesem wunderbaren Büchlein geradezu fordernd dazu ein, IHM unser Herz ganz neu und vorbehaltlos zu öffnen, damit Jesus Christus in uns zur Geburt kommen kann.

Tirza Buschauer
Lektorin und Übersetzerin

Ich kenne Vesna Tomas als eine wunderbare und treue Mitarbeiterin im Gebetshaus hop Basel und Ermutigerin für viele Menschen. In ihrem zweiten Buch «Willst du mein Stall sein?» versteht sie es, in einer packenden und lebensnahen Kurzerzählung verschiedener eigener Lebensstationen den Leser selbst mit in seine eigene Geschichte hineinzunehmen. Die Fragen nach jedem Kapitel inspirieren, um ganz natürlich aufmerksam darauf zu werden, dass da ein liebender Gott ist, der mit jedem einzelnen Menschen unterwegs ist.

«In das Herz des Menschen hat er den Wunsch gelegt, nach dem zu fragen, was ewig ist. Aber der Mensch kann Gottes Werke nie voll und ganz begreifen» (Prediger 3,11). Dieses Buch hilft und ermutigt, in diesen existenziellen Fragen nach Sinn, Ewigkeit und Liebe, selbst in Leid, Schmerz, Enttäuschung, Verletzung oder Ablehnung hindurch, Gottes Reden und Hilfestellung wahrzunehmen, wie es die Autorin selbst erlebt hat.
Vesna lädt jeden Leser ein, sich auf ein persönliches Abenteuer mit Gott einzulassen und in den Reifeprozessen des Lebens zu einer einzigartigen Persönlichkeit entfaltet zu werden.

Dieses Buch ist unabhängig von ihrem ersten Buch, dem fiktiven Roman «Aviva und die Stimme aus der Wüste», knüpft jedoch daran an und ist sehr empfehlenswert.

Bernhard Mössner
Pastor und Leiter Gebetshaus hop Basel

Einleitung

Es war eine kalte und regnerische Winternacht am 24. Dezember 2017. Ich saß in der reformierten Kirche im Mitternachtsgottesdienst. Die Kirche war sehr groß und viele Besucher waren anwesend. Die Decke war zu einer Kuppel geformt und von der oberen Etage aus erklang die Orgel mit der Weihnachtsmelodie «Fröhliche Nacht». Mein Sohn und meine Tochter saßen neben mir.

Der Prediger erzählte die Geschichte über Jesu Geburt im Stall. Mir gefiel die Vorstellung eines Stalles. Sie rief die Erinnerung in mir wach, wie ich als kleines Mädchen die Nächte im Stall verbrachte, als die Kühe ihre Kälber zur Welt brachten. Ich wollte damals unbedingt an diesem Wunder der Geburt teilhaben. In den kleinen Stall drang kaum Licht ein, nur durch die offene Tür und ein kleines Fenster erhellte das Tageslicht den Raum. Genau an solch einem Ort, abgelegen des Wohnviertels, in einem Stall, wird Gott als Mensch geboren. Verborgen und geborgen – ein neu geschenktes Leben im Schutz eines Stalles.

Wenige Tage später, als ich zu Hause die Hände zum Beten erhob und dem Herrn ein Lied sang, hörte ich unmissverständlich Jesus fragen: «Willst du mein Stall sein?»

Ich musste nicht überlegen, für mich war die Antwort klar, auch ohne konkret zu wissen, wie sich das in meinem Leben zeigen würde. So sagte ich: «Ja, ich will!»

Während ich noch meine Hände erhoben hielt, sah ich im Geist ein großes brennendes Herz aus der Höhe auf mich zukommen, das sich auf mein Herz legte. Ich war zutiefst berührt und Ehrfurcht ergriff mich. Etwas Gewaltiges war geschehen.

Ein unerwarteter Geburtsort

Als Jesus zur Welt kam, stand das jüdische Volk unter Fremdherr-schaft. Die Not dieses Volkes war groß und der Schrei nach dem ver-heißenen Messias laut. Wie beschämend muss es gewesen sein, im Be-wusstsein zu leben, das ausgewählte Volk zu sein, aber unter der Knechtschaft eines fremden Herrschers zu leben! Die Einhaltung der Gebote führte nicht zur Erlösung. Es blieb eine demütige Ergebenheit den Umständen gegenüber und eine Hoffnung auf Erlösung. Ich stelle mir vor, wie tief das Seufzen der Männer und Frauen war, begleitet von Selbstanklagen, Wut und einer Traurigkeit mit einem inneren tiefsten Weinen, das nur Gott hören konnte.

Dann, endlich, zeigte sich ein Engel Gottes dem jungen, einfachen Mädchen Maria und sagte ihr, dass sie sich nicht fürchten solle, denn sie habe bei Gott Gnade gefunden. Der Engel offenbarte Maria, dass sie den Sohn Gottes zur Welt bringen werde, den ersehnten Messias. Er solle Jesus heißen.

Ist das nicht eine wunderbare Geschichte? Endlich würde das jüdische Volk von der Knechtschaft befreit werden. Ich stelle mir vor, dass die Freude und Vorstellungskraft von Maria und Josef grenzenlos waren, trotz der Widrigkeiten, dass Maria nicht von Josef schwanger wurde, sondern vom Heiligen Geist. Demütigung und Unglaube stellten sich ihnen entgegen, und nicht nur das. Als es Zeit war, das Kind zu gebä-ren, fanden sie in den Herbergen keine Willkommenskultur, obwohl es offensichtlich war, dass eine hochschwangere Frau einer Annahme bedarf. Also war es doch keine wunderbare Geschichte? Maria und Josef hatten sich die Ankunft Jesu sicherlich anders vorgestellt. Ein Stall wurde ihnen gegeben, der nach Tieren, Heu und Dung roch.

Ich möchte hier aber nicht über die historische Weihnachtsgeschichte schreiben, sondern über das Wirken des Heiligen Geistes, der allge-genwärtig die Geburt Jesu in uns bewirkt. Dort, wo chaotische Um-stände wüten, Verzweiflung und Dunkelheit uns umgeben.

Bei einem Stall stelle ich mir eine Herberge, Hütte oder Stallung für Herden vor. Also einen Ort, der Schutz und Wärme vor den Stürmen draußen bietet. Es gibt Neubauten, von Menschen gebaute Stallungen,

wo ein Landwirt oder Hirte nach der Herde schaut. Es gibt aber auch verlassene Ställe, die verwahrlost stehen und in Trümmern liegen, wo wilde Tiere oder verlaufene Menschen eine Herberge finden können. Wenn Jesus aber dich als Mensch fragt, ob du sein Stall sein willst, ist das etwas ganz anderes. Es bedeutet, ein lebendiger Stall zu sein. Ein unmögliches Unterfangen für den Menschen, außer der Herr baut es selbst. Eine Herberge für das Licht, für die Liebe Gottes, für sein Geschenk an uns Menschen – Jesus Christus, der sich in unseren Herzen eine Geburtsstätte, eine Herberge aussucht, um in uns zu wohnen. Jesus offenbarte sich mir als der Hirte meines Lebens und zeigte mir, wie er mein Herz ganz ausfüllen will mit seiner Gegenwart. Ihm reichte nicht nur eine Herzenskammer, wo er lagern durfte, ihn verlangte nach meinem ganzen Herzen.

«Aviva» war nur der Anfang

Das vorliegende Buch ist ein Zeugnis verschiedener Stationen meines Lebens. 2020 erschien im Brendow Verlag mein Debütroman «Aviva und die Stimme aus der Wüste», in dem ich vieles aus meinem Leben literarisch verarbeitet habe.

In dem Buch geht es um ein junges Mädchen, das aus seinem tristen Dasein in einem eingezäunten Dorf flieht und sich aufmacht, das sagenumwobene «Land hinter der Wüste» zu suchen. Dabei leitet sie eine merkwürdige, aber vertrauensvoll klingende Stimme in ihrem Herzen.

Mein damaliger Mentor und Seelsorger Jens Kaldewey fasste meine Prozesse folgendermaßen zusammen:

«Aviva und die Stimme aus der Wüste» ist kein «billiges» Buch. So mal eben mit viel Fantasie und leichter Feder hingeschrieben. Dahinter stecken «Blut und Tränen», ein gelebtes Leben. Es ist unter anderem auch die Verarbeitung einer ungewöhnlich schweren Biografie, in der sich aber sehr viel zum Guten gewendet hat – nicht zuletzt durch «die Stimme». Vieles in diesem Buch hat die Autorin ähnlich erlebt und durchgestanden.

Im Prozess der Begleitung wurde ich immer wieder erinnert an Abraham und seinen Auszug ins verheißene Land. Er hörte den göttlichen Befehl: «Verlass deine Heimat, deine Sippe und die Familie deines Vaters und zieh in das Land, das ich dir zeigen werde!» Ohne Sippe, ohne Familie unterwegs zu sein in ein Land, dass man nicht kennt – das war ein ungeheures Risiko. Doch Abraham vertraute Gott, zog los und blieb in diesem Vertrauen. Im Neuen Testament wird er deshalb «Vater des Glaubens» genannt. Die Geschichte Abrahams prägt die Menschheit bis heute. Weil sie auch mit uns zu tun hat. Weil wir alle gerufen sind, in «unser Land» zu reisen. ...

Vesna Tomas ist wie «ihre» Aviva bereits als kleines Kind in Berührung gekommen mit einer Dimension, die weit größer war als die ihres eigenen, in dunkle Kräfte eingezwängten Lebens. Sie weiß, wovon sie redet. Sie hat sich auf den Weg gemacht, und das Buch «Aviva und die Stimme aus der Wüste» ist eine Station im «verheißenen Land». So wie Abraham, als er als Fremder im Land Kanaan, dem Land der Verheißung, Altäre gebaut hat, um dem zu danken, der ihm dieses Land versprochen hatte, so ist auch dieses Buch als eine Art Altar zu verstehen, auf dem ein Dankopfer gebracht wird, in der Rückschau auf ein halbes Jahrhundert wundersamer Führungen Gottes.

Im vorliegenden Buch werde ich an ein paar Stellen aus «Aviva» zitieren, aber in erster Linie anhand meiner Geschichte mit Gott zeigen, wie du selbst zu einem Stall für ihn werden kannst. Dabei ist mir bewusst, dass dieser Prozess auch in meinem Leben nicht abgeschlossen ist. Meine Hoffnung ist aber, dass mein Bericht über Gottes Geschichte mit mir wiederum dir, liebe Leserin, lieber Leser, helfen wird, seine Spuren in deinem Leben zu sehen. Ich möchte dich zum Träumen ermutigen und Hoffnung vermitteln, nicht aufzugeben in ausweglosen Lebensumständen, nicht zu resignieren, wenn alle sagen, dass du es nicht schaffst, wenn du unter Druck stehst zu erkranken und niemand mehr an dich glaubt.

1. Wie alles begann

Ich war drei Jahre alt. Sichtbar war das sensible, kleine Mädchen. Ich frage mich manchmal, wie ich mich entwickelt hätte, wären meine Eltern damals nicht fortgegangen.

Wir lebten als sechsköpfige Familie in Zagreb (Kroatien) in einem Familienhaus. Da ich erst knapp drei Jahre alt war, habe ich nur eine vage Erinnerung und ein angenehmes Gefühl an diese Zeit.

In Zagreb wurde ich geboren. Angereihte Familienhäuser, bepflanzte Gärten mit blühenden Fliederbäumen und Rosen schmückten die Straßen und der süße Blütenduft bereicherte die Luft. Die Kinder im Quartier bemalten die Straßen mit bunten Kreiden und spielten «Himmel und Hölle» darauf. Meine älteren Schwestern waren fünfeinhalb und vier Jahre alt, mein Bruder war einjährig.

Mein Vater arbeitete als Maurer und meine Mutter kümmerte sich um uns vier Kinder und den Haushalt. Mein Vater war ein einfacher Mann, sensibel und friedliebend, der gern Konfrontationen aus dem Weg ging. Meine Mutter war willensstark und wusste genau, was sie wollte.

Ich erinnere mich, dass wir viel Besuch bekamen. An unserem Haus wurde noch gebaut und die Inneneinrichtung war nicht fertiggestellt. Es war ein Aus- und Eingehen von Freunden, Nachbarn und Verwandten, die beim Bau mitanpackten. In der Nähe war eine Schule mit einem großen Pausen-und Sportplatz, wo sich die Kinder versammelten. Ich empfand es als selbstverständlich, ein Teil der Familie und Gemeinschaft zu sein. Ich konnte nicht wissen, welche Pläne meine Eltern schmiedeten, um eine bessere Zukunft und finanzielle Sicherheit für uns alle zu erlangen. Von ihren Sorgen bekamen wir Kinder nichts mit. Die familiäre Atmosphäre war für mich lieblich und ich fühlte mich von allen geliebt.

Verlassen

Eines Tages, an dem so wie jeden Morgen die Sonne aufging und mit der Nacht unterging, brachen wir auf, um unsere Großmutter väterlicherseits in Bosnien zu besuchen. Mit dem Auto verließen wir Zagreb und fuhren eine lange Strecke, bis wir nur noch auf Landstraßen einbogen, weil es keine geteerten Straßen mehr gab. Der Hof meiner Großmutter war über schmale Landwege mit angrenzenden Wäldern und einzelnen Höfen erreichbar. Mein Großvater war bereits gestorben, bevor ich geboren worden war.

Viele Verwandte waren anwesend, als wir ankamen. Eine Aufregung lag in der Luft, die mit lauten Zurufen und Umarmungen verstärkt wurde. Kurz darauf stiegen meine Eltern wieder ins Auto. Erst als ihr Auto langsam anrollte, realisierte ich, dass sie wegfuhren und uns Kinder zurückließen. Ich war sicher zu klein, um eine vernünftige Erklärung zu verstehen, doch es kam gar keine Erklärung. Sie fuhren los und schauten kein einziges Mal zurück. Wie versteinert saßen sie im Auto und rollten langsam davon. Dieses Bild prägte sich in mir ein. Ich fing an zu schreien, wollte ihnen nachrennen, wurde aber von einer Tante zurückgehalten. Schließlich brach ich zusammen und fiel in Ohnmacht.

In «Aviva» erzähle ich diese Begebenheit nach:

Regungslos, fast wie aus Stein, saßen die beiden auf dem Bock des kleinen Einachsers. Der hölzerne Marktkarren war beladen mit Körben, Ledertaschen und Wolldecken. Das Gesicht des Mannes war von den vielen Menschen, die sich an diesem frühen Sommermorgen um das Fuhrwerk versammelt hatten, abgewandt; seine braunen, mandelförmigen Augen hielt er starr auf den vor ihnen liegenden holprigen Weg gerichtet.

Die große schlanke Frau hatte etwas Stolzes an sich, so wie sie da kerzengerade neben ihm saß. Sie war noch sehr jung. Auch sie vermied es, den Menschen in die Augen zu sehen. Sie wirkte noch regungsloser, noch distanzierter als der Mann.

Auch ein etwa dreijähriges Mädchen stand in der Nähe. Es sah zu dem Mann und der Frau auf dem Wagen. Es wollte ihnen etwas sagen, brachte aber keinen Ton heraus. Warum sagten die beiden nichts? Eine Kälte umschloss das Herz des Mädchens und alles in ihm verkrampfte sich. Es schien zu ahnen, dass etwas Schreckliches passieren würde, doch mit seinen drei Jahren konnte es nicht begreifen, was vor sich ging.

Dann gab der Mann dem Ochsen einen Schlag mit den Zügeln und der Wagen rollte langsam an. Verzweiflung machte sich in dem kleinen Mädchen breit. Es lief einige Schritte, wollte dem Wagen hinterherrennen. Eine Frau aus der Menge riss das Mädchen jedoch heftig an sich und hielt es fest. Das Kind wehrte sich, schlug um sich, wollte sich losreißen. Die Frau aber war stärker und ließ das Mädchen nicht los.

Der Wagen rollte davon und der Mann und die Frau drehten sich nicht ein einziges Mal um. Das Mädchen fing an zu rufen und zu schreien. Ihr wurde schwindelig, doch sie wehrte sich dagegen. Ihr Schrei ertönte erst laut und wurde dann zunehmend hysterisch, bis sie nichts mehr um sich herum wahrnahm. Um sie herum begann sich alles zu drehen; die

Leute, die im Kreis um sie herumstanden, verwischten vor ihren Augen
mit den Bäumen und Hütten im Hintergrund. Ihre Kraft schwand. Sie
spürte nichts mehr und sackte in sich zusammen. Um sie herum wurde
es dunkel.

Ich fragte mich oft, wie ich mich entwickelt hätte, wären meine Eltern
damals nicht fortgegangen. Hatten sie geahnt, welchem Unheil sie uns
überließen? Ich vermute nicht, sie wussten nicht, was sie taten. Vor
ihren Augen lag die Hoffnung auf ein besseres Leben. Sie wollten ins
Ausland, um Geld zu verdienen, und später wieder zurückkommen
und uns nachholen.

Diese Erklärung wurde uns dann nach und nach mitgeteilt. Vielleicht
hätte ich eine Hoffnung gehabt, wenn ich es gewusst hätte, aber ich
war schockiert, unfähig zu verstehen. Ich fühlte mich schutzlos und
aus der Gnade geworfen, abgeschoben, nicht gewollt und nicht geliebt. Was für Prozesse mussten meine Eltern wohl durchgegangen
sein, um solch eine folgenschwere Entscheidung überhaupt treffen zu
können? Eine freiwillige Trennung von den eigenen Kindern trifft
man nicht mit Leichtigkeit.

Viele Jahre später lernte ich zu verstehen, denn zu dieser Zeit gingen
viele arbeitstüchtige Männer und Frauen als Gastarbeiter ins Ausland
und ließen ihre Kinder bei den Großeltern. Das hätte auch gut gehen
können, wie es in vielen Familien der Fall war, da sie in liebevollen
Familien und in dem Wissen, dass sie geliebt waren, aufwachsen
durften. In meinem Fall fehlte es schlagartig an diesem Schutz und
dieser Geborgenheit. Als meine Eltern davonfuhren, blieb ich irgend-
wo auf der Strecke nach ihnen greifend stecken und es schien mir, als
ob ein Teil von mir in der Ohnmacht in einen versunkenen Schlaf ver-
fiel. Das war meine einzige Möglichkeit, den Schmerz zu verdrängen,
um irgendwie zu überleben.

1. Wie Alles Begann

Ausgeliefert

Meine Geschwister und ich wurden in dem kleinen Haus unterge-
bracht, das nur aus zwei Räumen bestand. Der sechzehnjährige Bruder meines Vaters lebte auch hier und kümmerte sich um die Felder
und den Tierbestand. Ein großer Stall und eine Scheune waren nur ein
paar Meter entfernt vom Haus und ein Brunnen bildete das Zentrum
des Hofes.

Meine Großmutter und mein Onkel mussten sich von nun an um uns
Kinder kümmern. Viele Verwandte und Nachbarn kamen, um gemeinsam die Felder zu bearbeiten oder zu ernten. Jeder half dem anderen
auf den Höfen. Wir Kinder mussten mitanpacken, soweit es ging.

Mein Gemütszustand veränderte sich. Ich war verunsichert und klam-
merte mich an meinem Innenleben fest. Ich tröstete mich selbst und
glaubte von da an, allein für mein Seelenwohl verantwortlich zu sein,
denn es war niemand da, der das tat. Die Atmosphäre auf dem Hof
war düster. Wir wurden grob behandelt und mussten schnell lernen
zu gehorchen.

Mein Bruder hatte Glück. Er war der Stolz meiner Großmutter, ihr erster männlicher Enkel. Ich glaube, sie liebte ihn einfach. Vielleicht hat
er ihr Mutterherz berührt, so abhängig und klein, wie er war. Ich hatte
das Gefühl, geduldet zu sein, denn wie ich mich auch anstellte, es
schien falsch zu sein.

Okkulte Praktiken und Aberglaube wurden vor uns nicht verheim-
licht, in der Annahme, dass wir es nicht verstehen. Es wurde viel über
Hexerei und Verwünschungen gesprochen. Personen kamen, um Rat
bei der Großmutter zu holen, dabei las sie ihnen aus dem Kaffeesatz.
Ihr Zugang zu geheimen Mächten war kein Geheimnis. Das Bewusstsein, was und wie viel ein Kind von der Stimmung aufnahm, war nicht
vorhanden. So waren wir dem ausgesetzt, zu klein, um urteilen zu
können, ob das gut oder böse war, bis uns der Wille aufgezwungen
wurde, Dinge zu tun, die wir nicht tun wollten. Nicht dass ich es wirklich sah, aber spüren konnte ich die erdrückende dämonische Gegen-

wart, die mir Angst einjagte, sodass ich mich am liebsten unsichtbar gemacht hätte.

Als ob das allein nicht schon genug gewesen wäre, war ich auf diesem Hof Misshandlungen und Kindsmissbrauch ausgesetzt. Bewusst nenne ich die Namen der Täter nicht. Denn ich habe ihnen vergeben. Es geht mir darum, aufzuzeigen, in was für einem dunklen Tal, wo Todesschatten uns umgaben, wir lebten. Meine Großmutter und ihre Kinder waren der Finsternis schutzlos ausgeliefert, nur wussten sie es nicht. Trotz ihrer katholischen Zugehörigkeit erkannten sie die Botschaft der Liebe nicht.

Meine Geschwister und ich lebten in diesen Umständen, jeder für sich auf seine persönliche Art darum ringend, innerlich bestehen zu können. Ein Jahr später, als meine Schwestern alt genug waren, um eingeschult zu werden, wurden sie von den Eltern geholt. Ich blieb allein mit meinem Bruder zurück. Ohne meine Schwestern fühlte ich mich noch schutzloser.

Jetzt war ich die Älteste und büßte noch zusätzlich alle Schläge ein, die meinem Bruder galten, für simple Unartigkeiten. Meine Eltern kamen ein bis zwei Mal im Jahr zu Besuch. Meine Mutter war wunderschön, mir erschien sie wie eine strenge Lady. Sie war laut und stritt viel mit der Großmutter. Keiner von uns Kindern hätte sich ihnen anvertrauen können. Es war, als ob eine unsichtbare Lähmung uns Kinder beschattete.

Ich war ungepflegt, auf eine Art verwahrlost und verbrachte die meiste Zeit mit meinem Bruder im Wald. Es herrschten arme Verhältnisse in dieser Gegend. Katholiken, Orthodoxe und Muslime lebten hier nebeneinander. Für mich war es nicht ungewöhnlich, wenn Bettler zu uns kamen. Auch mir wurden Münzen von Verwandten vor die Füße geworfen, in der Annahme, ich wäre ein Bettelkind. Sie hatten mich nicht erkannt.

1. Wie Alles Begann

Gesehen

Ich war wie ein Vogel, im Netz gefangen. Wenn ich allein war, versank ich in meine eigene innere Welt. Ich stellte mir vor, ich wäre eine Raubkatze und könnte mich wehren. So entwickelte ich Überlebensstrategien, und dank meiner Einfallskraft verfügte ich über viel Fantasie, die von Kraft und Schönheit geprägt war. Da drinnen fühlte ich mich lebendig. Ich besaß eine Ahnung vom Himmel, von etwas Schönem, was nicht mit meiner äußeren Welt übereinstimmte.

Da, wo ich war, herrschten finstere Mächte und mir war sehr bewusst, dass sie mir nichts Gutes wollten. Ich war den Angriffen meiner Peiniger ausgeliefert. Ich spürte die Stiche und Kratzwunden der Ruten und Heugabeln, den Stier, der auf mich gehetzt wurde, die Wucht der Schläge mittlerweile nicht mehr, aber ich hatte Angst, umgebracht zu werden. Aus einem unerklärlichen Grund sollte ich beseitigt werden. Wie einst, als ich vom Hof gejagt wurde und ich frohen Mutes war. Ja, ich sang sogar vor Freude, ins Ungewisse laufend, wissend, ich könnte in den Höhlen des Waldes überleben und mich unter dem Laub verstecken. Hauptsache, nicht mehr zurückzumüssen, das lockte in mir ein Lied hervor. Aber ich wurde eingeholt. So keimte in mir immer wieder die Frage auf: Ist es jetzt aus mit mir?

Nur einmal war es anders in mir. Es schien, als ob ich mich in diesem Moment dem Schicksal beugte, zwar wissend, dass ich leben wollte, und doch war da eine andere Perspektive in mir, die Akzeptanz, auch zu sterben. *Lieber sterbe ich, als jemand zu sein, die ich nicht bin*, dachte ich in diesem Augenblick. Ich war bereit, im tiefsten Kern meiner Seele mein Leben zu lassen, und verspürte in diesem Moment dieser tiefen Entscheidung keine Angst.

Genau in diesem Moment, als ich tief in mir versunken war, hörte ich plötzlich klar und deutlich Gottes Stimme in mir: «*Ich bin bei dir, geh da durch, es wird dir später gut gehen.*» Auf geheimnisvolle Art fühlte ich mich bis ins Innerste gesehen. Es war, als ob Gott den Himmel einen Spalt geöffnet hätte und in mein Herz etwas Kostbares hineinlegen würde.

Ich fühlte mich unendlich geliebt und dieser vertrauensvollen Stimme in mir zugehörig. Ich kann es nicht erklären, aber ich wusste zutiefst in diesem Augenblick, dass Gott mein himmlischer Vater war. Zum ersten Mal seit dem Weggang meiner Eltern erfüllte mich ein Gefühl von Tochtersein. Und doch war es anders. Es war Gott höchstpersönlich, der gesprochen hatte. Ich wusste einfach, dass es Gott war.

Eine vertraute innere Übereinstimmung mit ihm, ein Band der Vater-Tochter-Liebe nahm in mir Platz. Eine Hoffnung, dass ich überleben würde und dass es einen Grund gab, weshalb ich existierte. Von da an fühlte ich mich nicht mehr so allein. Da war jemand, der mich sah und um mich wusste. Diese Offenbarung war geistlicher Natur und außerhalb meines Verstandes.

Diese Begegnung mit Gott behielt ich für mich, aus Angst, dass man es mir wegprügeln oder wieder zuschütten würde, wenn ich es aussprach. Ich dachte eben wie ein Kind und kannte Gottes Kraft und Macht nicht. Wir waren Katholiken, die der Tradition der katholischen Kirche folgten. Aber von einem liebenden Gott hatte ich nichts gehört.

1. Wie Alles Begann

So hütete ich das Geheimnis und glaubte, was ER mir sagte. Aus diesem Reden Gottes lernte ich, mich mit IHM zu verbinden, indem ich nach seinem Reden im Herzen suchte.

Was hat das mit einem Stall zu tun?

Am Anfang war das Wort, und das Wort war bei Gott, und das Wort
war Gott. (Joh 1,1)

Gott spricht zu dir

Als ich Jesus mit drei Jahren das erste Mal hörte, legte sich sein Versprechen wie ein Fundament in mein Herz: «Ich bin bei dir, geh da durch, denn es wird dir später gut gehen.» Es war eine Heilsgewissheit, welche mich durch die Stürme festhielt und trug. Ein Stall muss auf einem festen Fundament stehen, damit er vom Sturm nicht zerstört wird. Inmitten der Finsternis fing Gott an, sein Fundament in mein Leben zu legen.

Gottes Worte an mich waren für mich lebendig. Es geschah ohne mein Zutun. Gott suchte sich den Weg zur verborgenen Quelle des Herzens und wusste um die tiefe Sehnsucht nach Erlösung. Das waren seine Liebe und sein Glaube an mich und diese wurden mir zur Hoffnung meines Lebens. Mein kindliches Herz glaubte einfach; so wie die Schrift sagt: «Demnach kommt der Glaube aus dem Gehörten, die Verkündigung aber durch das Wort Gottes» (Röm 10,17), und ich hatte gehört. Nicht durch einen Menschen kam das Wort Gottes zu mir, sondern durch ihn persönlich.

Gott persönlich bewirkte bereits damals, dass ich zu Jesus komme. Darauf werde ich im späteren Verlauf noch eingehen. Gott sendet den Heiligen Geist, um den Menschen Christus zuzuführen.

Niemand kann von sich selbst aus zu mir kommen. Der Vater, der mich gesandt hat, muss ihn zu mir ziehen.
(Johannes 6,44 NGÜ)

Ich sollte nicht sterben und auch nicht erkranken an den Folgen der Traumata. Ich schaffte es, Überlebensstrategien zu entwickeln, und dank meiner Einfallskraft verfügte ich über viel Kreativität. Der Brunnen in mir, die Quelle, wurde an diesem Ort in Bosnien über zwei Jahre lang mit Steinen zugeschüttet, man könnte sagen gesteinigt, sodass das Leben in ständiger Gefahr war, abzusterben. Es war ähnlich wie bei einer Begebenheit im Alten Testament:

Sie schütteten alle Brunnen, die Abrahams Knechte einmal gegraben hatten, mit Erde zu. Isaak musste weiterziehen, denn die Philister stritten um diese unterirdische Quelle und beanspruchten sie für sich. Isaak grub an einer weiteren Quelle den Brunnen, aber auch da wurde er angefeindet. Er kam in Beerscheba an, und dort sprach Gott zu Isaak und versprach ihm ein weites Land. (1. Mose 26,15)

So versprach er auch mir, dass es mir gut gehen wird. Das Fundament eines Stalles war gelegt.

Fragen zur Reflexion

Wenn du dieses Zeugnis liest, fragst du dich vielleicht, worauf du wirklich dein Leben baust.

- Wie sieht es um dein Seelenwohl aus?
- Was macht dir Angst?
- Vielleicht fragst du dich, ob du jemals frei wirst davon, was dich schmerzt und belastet, oder wozu gerade dir dieses Schicksal passiert (ist).
- Jesus wird dir keine rationale Antwort geben, aber er lässt dich nicht allein in deinem Herzensschrei und fragt dich:
- «Darf ich in deine Dunkelheit kommen und das Licht anzünden? Darf ich in deine Einsamkeit kommen und mit dir Gemeinschaft haben? Ich möchte dich trösten und dir deine Würde zurückgeben. Gott-Vater hat mich zu dir gesandt, das Fundament deines Herzens zu sein. Darf ich das?»

2. Dem Feind geraubt

Eines Sommertages stand wie aus dem Nichts meine andere Großmutter mütterlicherseits mit ihrem jüngsten Sohn Jakob im Hof. Sie
war eine kleine, zierliche Person, mit freundlichem, rundem Gesicht
und gütigen Augen. Ich kannte sie beide nicht gut, wusste aber, wer
sie waren. Sie kamen, um uns zu holen.

Mein Bruder, inzwischen drei, und ich, fünf Jahre alt, waren draußen
vor dem Haus. Außer uns war niemand auf dem Hof. Dann ging alles
so schnell. Großmutter Pila, wie ich sie im Buch «Aviva» nenne, nahm
mich und meinen Bruder an die Hand, während Onkel Jakob wie ein
Wächter mit einem langen Messer beschützend vor uns stand und uns
zu verstehen gab, dass er bereit wäre zu kämpfen, würde jemand Pilas
Pläne aufhalten wollen. Wir liefen den Weg am Waldrand entlang zurück, den Pila entlanggekommen war. Jakob kam hinterher, als er sicher war, dass uns niemand folgte.

Auf dem Weg zu Pilas Dorf erfasste mich ein so großes Glücksgefühl.
Pila war meine Heldin, die mich aus den Gefahren wegstahl. Ja, ich
fühlte mich dem Feind weggestohlen. Ich glaube, dass ich da anfing,
das Abenteuer zu lieben. Mein Bruder hingegen war nicht glücklich
bei dieser Aktion, er verlor ein vertrautes Stück Heimat.

Später erfuhr ich dann, dass man vermutet hatte, ich würde nicht
überleben. Diese Gerüchte wurden von Menschen der umliegenden
Höfe verbreitet und drangen zu Großmutter Pila durch. Sie erzählte
mir später, dass sie sich innerlich gedrängt gefühlt hatte, uns zu holen.
Das war das erste Auftreten Jesu in meinem Leben. Meine Eltern er-
fuhren im Nachhinein von dieser Aktion und akzeptierten es still-
schweigend.

Großmutter Pila besaß große Weiden mit vielen Obstbäumen und ihr
Haus, bestehend aus zwei bescheidenen Räumen und einem Dach-
speicher. Vor dem Eingang war eine kleine gedeckte Veranda. Das
Haus stand auf einer Anhöhe, sodass man das ganze Tal überblicken
konnte. Ein Bächlein durchquerte eine Wiese und strömte weiter

durch den angrenzenden Wald. Auch sie war Witwe mit sieben Kindern, die alle ins Ausland weggezogen waren. Onkel Jakob war auf Besuch und blieb für eine Weile. Er bastelte eine Schaukel für meinen Bruder und mich in der Scheune und spielte mit uns. Ich erinnere mich, dass wir viel gelacht haben. Während der nächsten drei Jahre genoss ich tiefen Frieden. Das bescheidene Leben war für mich Himmel auf Erden.

Ich durfte hier einfach sein und niemand quälte mich. Pila behandelte uns beide sehr liebevoll und bevorzugte keinen von uns. Viele Jahre später erkannte ich Jesu Handeln als guten Hirten in Pilas Auftreten. Ich kam in das Land der Ruhe.

Wir wurden nicht gezwungen, Feldarbeit zu verrichten, aber die Kühe und Säue mussten geweidet werden. So wurde ich selbst zur Hirtin. Ich liebte es, die Kühe zu weiden, sie von Zeit zu Zeit an andere Teile der Weide, wo höheres Gras wuchs, und zum Bach zu führen. Die innere Anspannung, stets auf der Hut zu sein, die mich während der letzten Jahre begleitet hatte, löste sich langsam auf. Wenn ich auf der Wiese lag, spürte ich manchmal den Blick des himmlischen Vaters auf mir ruhen oder bekam die sanfte Schwingung der Erde mit. Es fühlte sich an, als ob die Erde ausatmen würde.

Großmutter lehrte uns das Vaterunser-Gebet. Damals war ich nicht sicher, ob der Gott-Vater, der zu mir sprach, derselbe war wie der im Vaterunser-Gebet. Es war ja immer noch mein Geheimnis.

Einmal fragte Großmutter mich, was ich mir besonders wünschen würde. Ich wollte einen Hügel voller Haarspangen, die einfachen dünnen braunen. Ich verlor meine ständig. In mir hegte ich den tiefen Wunsch, genug zu haben. Meinen zweiten Wunsch verriet ich ihr jedoch nie, da er übernatürlicher Natur war und einer tieferen Schicht meines Herzens entsprang. Ich wünschte mir, ein feuerroter brennender Stern möge vom Himmel herabkommen und sich in meinen Bauch legen. Es war meine erste Ahnung von Gottes Verheißung, Licht zu sein.

Das Fundament der Liebe Gottes wurde an diesem Ort in mir gefestigt. Die Atmosphäre in dieser Landschaft war für mich hell und leicht. Ich durfte nah an Gottes Herzen sein. Es ist ein Geheimnis, wie das ge-

schieht, aber Gottes Geist bewirkte das außerhalb meines Bewusst-
seins und meiner Kontrolle. Die Liebe ist es, die im Geist, in der Seele
und im Leib einzieht und aufbaut. Ich wusste mich geliebt. Die Mo-
mente des einfachen Seins, ohne etwas leisten zu müssen oder Wünschen anderer zu entsprechen, sind Augenblicke, wo die wahren Herzenswünsche und Bestimmungen des Wesens entspringen, dort in den
Tiefen des Herzens. Auf eine natürliche Art und Weise entsprang in
mir die Gewissheit, dass ich vielen Menschen dienen wollte, ja etwas
von dieser Himmelsrealität und des Schutzes, die mir zuteilwurden,
weiterzugeben.

Die Gesichter meiner Eltern und Schwestern verblassten mit der Zeit
und die Verbindung zu ihnen rückte in den Hintergrund. Umso mehr
brannte sich das Gesicht von Pila in mein Herz. Drei Jahre lang blieb
ich bei ihr, bis ich 8-jährig wurde. Ich lebte mitten in einem schönen
Garten und fühlte mich als ein Teil davon. Das muss auch Pila bemerkt
haben, denn an einem Tag machte sie mir ein besonderes Geschenk,
das ich auch in «Aviva» beschrieben habe.

Das Veilchenbad

Die Erde taute allmählich auf, sodass die Tiere wieder auf die Weide geführt werden konnten. Das Gras schien schneller zu wachsen und überall sprossen Wiesenblumen hervor. Aviva meinte sogar körperlich zu spüren, wie die Knospen sich ausdehnten. Sie liebte den Frühling.

An einem frühen Morgen, als es gerade anfing zu tagen, wurde Aviva leise von Pila geweckt. «Steh auf, Aviva, zieh dich gleich an.» Aviva wusste nicht, was los war und wollte fragen, aber Pila deutete ihr mit dem Zeigefinger an, ruhig zu sein. Draußen krähte der Hahn und die ersten Vögel waren zu hören. Bald stand Aviva verwundert auf der Veranda.

«Pila, wo gehen wir hin?», fragte sie leise. Ihre Großmutter zwinkerte ihr freundlich zu. «Ich komme nicht mit, aber du gehst jetzt den Weg entlang des Waldes», bei diesen Worten deutete sie in Richtung der Quelle, «und sammelst so viele Veilchen, wie du kannst. Nimm diesen Korb hier.»

Verwundert tat Aviva, wie sie ihr geheißen hatte. Am Waldrand und auch im Waldinneren wuchsen die kleinen, süß duftenden violetten Blumen. Der Boden war noch nass vom Tau. Aviva füllte den geflochtenen Korb bis zum Rand mit Veilchen. Als sie ihn Pila brachte, legte die ältere Frau die Veilchen in ein großes Becken, in das sie Wasser goss. Sie stellte die Wanne auf die Wiese gerade hinter dem Haus in die Sonne. Dann schickte sie Aviva wieder ins Bett. Sie dürfe erst wieder rauskommen, wenn Pila sie holte.

Als die Sonne schon sehr hoch stand, wurde sie gerufen. Pila stellte sich mit Aviva vor die Wanne und erklärte: «Das ist ein alter Brauch. Die Mädchen baden einmal im Leben im Veilchenwasser. Es muss an einem Frühlingstag sein, wenn das Leben neu erwacht. Es soll dich stets daran erinnern, dass du schön bist.»

　　　　　　　　　　　2. Dem Feind Geraubt

Aviva war sprachlos. Stumm zog sie ihr Hemd aus und stieg in das Becken. Das Wasser war von der Sonne bereits angenehm erwärmt worden. Pila badete sie mit dem Veilchenwasser, goss es über ihren Kopf, ihren Rücken, ihre Arme und Beine. Aviva schaute an sich herunter. Zu ihrem Erstaunen sah sie sich nicht nackt. Ein perlweißes Kleid umhüllte ihren Körper und die violetten Veilchen verzierten es.

Etwas Schönes und sehr Zartes berührte ihr Herz zutiefst. Sie blickte zur Wiese, zum Wald, zum Bach. Alles erschien ihr in einem wunderbaren Licht, voll von sanften und leuchtenden Farben, eingetaucht in den Glanz einer unbeschreiblichen Fülle von Schönheit. Für einen Augenblick hatte Aviva das Gefühl, in eine andere Welt zu entschwinden, doch da fing Pila an zu sprechen: «Aviva, du bist und bleibst schön! Dein Herz soll für immer schön sein und deshalb stärker als so manche Kraft dieser Welt. Es ist eine Waffe, die dich vor vielem, was böse und hässlich ist, beschützt.»

Pila schaute Aviva freudig an und reichte ihr dann ein Tuch aus seidiger, heller Wolle. Es fühlte sich weich und leicht an. Aviva wickelte das Tuch um sich und drückte Pila fest an sich. «Danke, Großmutter, danke!» Sie hatte sie zum ersten Mal Großmutter genannt und beide freuten sich darüber.

Was hat das mit einem Stall zu tun?

Gott ist dein Versorger

Dieser Abschnitt meines Lebens diente mir dazu, an Gottes Wesen teilzuhaben, ihn auf geheimnisvolle Art und Weise kennenzulernen und zu empfangen. Es war eine Zeit der Vorbereitung, um die zu werden, die ich sein sollte. König David spricht genau davon, wenn er schreibt:

Der HERR ist mein Hirte, darum leide ich keinen Mangel. Er bringt mich auf Weideplätze mit saftigem Gras und führt mich zu Wasserstellen, an denen ich ausruhen kann. (Psalm 23,1-2 NGÜ)

Unabhängig von unseren Umständen, im Verborgenen unseres Herzens, festigt sich der Glaube, dass wir geliebte Töchter und Söhne Gottes sind.

Aus dieser Beziehung heraus baut der Herr unsere Identität. Das sind Situationen, die deiner Seele Nahrung geben und in denen deine Persönlichkeit ungehindert reifen kann. Vergiss nie, was du Gutes im Leben erhalten hast. Sei dankbar, denn Dankbarkeit bahnt den Weg zu Gottes Herzen. Wir brauchen diese persönliche Fürsorge, damit das Fundament der Liebe sich festigen kann.

Fragen zur Reflexion

- Aus welcher Quelle schöpfst du Kraft und Liebe?
- Wer versorgt dich, wenn du erschöpft bist?
- Wo kannst du dich ausruhen und zu neuer Stärke kommen?
- Erinnere dich an Augenblicke, wo die wahren Herzenswünsche deines Wesens entstanden und deine Wege bestimmt haben. Was war die Schlüsselsituation oder der springende Punkt einer Ahnung in dir, wer du bist?
- Und wenn du nach dem Sinn des Lebens fragst, erinnere dich an deine Träume für dein Leben. Wo erlebst du Gottes Gegenwart am stärksten und erkennst Jesu Handeln in deinem Leben? Ist es im Alleinsein, in der Natur oder im Austausch mit lieben Menschen? Oder an einem anderen Ort?

3. Von den Eltern nicht vergessen

Als mein Bruder eingeschult werden musste, erhielten meine Eltern die Bewilligung, uns in die Schweiz nachzuholen. Ich kam aus meinem Ort der Ruhe und wurde nun in eine Stadt gebracht, wo ich anfänglich überfordert war. Ich sah zum ersten Mal hohe Wohnhäuser mit vielen Stockwerken, Straßenbahnen – und unendlich viele Straßen.

Mit neun Jahren kam ich in die 1. Klasse und lernte schnell Deutsch. Der Kulturwechsel faszinierte mich und ich eiferte meinen Schwestern in allem nach. Meine Eltern arbeiteten unter der Woche, und an den Wochenenden verbrachten wir Zeit mit Verwandten. Wir waren wieder eine vereinte Familie, so hätte man das von außen meinen können.

Eine intime, vertraute Beziehung mit den Eltern konnte aber nicht wiederhergestellt werden. Sie konnten uns ihr Herz nicht zeigen und versteckten ihren inneren Schmerz über die frühkindliche Trennung hinter einer aufopfernden Haltung. Es wurde unter den Teppich des Schweigens gekehrt. Wir alle hatten uns gewünscht und gehofft, die Trennung und die Folgen daraus wären nicht passiert. Also taten wir, als ob es so wäre. Meine Eltern wollten es wirklich gut machen und kämpften dafür, dass wir alle einer Ausbildung nachgehen konnten.

In der Schule lernte ich Geschichten über Jesus durch unsere Religionslehrerin, eine ältere Nonne, kennen. Sie strahlte eine Liebe und Güte aus und kam oft zu uns nach Hause auf Besuch. Wenn sie von Jesus erzählte, bekamen ihre Augen einen Glanz, der in mir eine Sehnsucht weckte, Jesus auch so nahe zu sein, wie sie es war. Ein Funken war in mir entfacht, der mich an Gottes Reden erinnerte, dass mein Leben für etwas Bestimmtes gedacht war. Eine Zeit lang wollte ich auch Nonne werden. Meine Mutter muss intuitiv gespürt haben, dass diese Nonne für uns wichtig war. Wir wurden jeden Sonntag zur Kirche geschickt und in der Sonntagsschule fühlte ich mich wohl. Dafür bin ich meiner Mutter sehr dankbar.

Meine Eltern mussten sich wohl betrogen gefühlt haben, denn ihr Traum vom besseren Leben ging nicht in Erfüllung. Geldsorgen, Schulden und Überforderung trugen dazu bei, dass Schläge und Zornausbrüche uns Kindern gegenüber zunahmen. Für mich bestätigte sich, dass ich für mein Seelenwohl allein sorgen musste. Das Chaos und die Zerrissenheit wüteten in unseren Seelen, was uns voneinander entfremdete.

Getröstet

Ich hatte die Stimme Gottes als kleines Kind gehört, aber ich traute mich nur im Geheimen, diese Stimme in mir zu suchen. In den Nächten, wenn es still war, spürte ich am stärksten das Loch in meinem Herzen, aber auch die Erinnerung an Gottes Reden, als er damals im Wald zu mir sprach. Ich verstand Gottes Heilsplan, die Frohe Botschaft, nicht. Was hatte Jesus mit Gott zu tun?

Ich fragte mich, was wäre, wenn Gott und Jesus nicht dieselbe Quelle waren. Mein Vertrauen galt vorerst nur der Stimme des Vaters. Denn Jesus kannte ich nicht persönlich. Ich spürte nur ein Brennen im Herzen für ihn und konnte es nicht einordnen. Für mich war es wichtig, in der Tiefe meines Herzens zu ergründen, was diese Stimme mit Jesus zu tun hatte.

Ich sah mein Leben offen vor Augen. Die Traumata hatte ich klar vor mir und erinnerte mich an Details. Sie berührten mich jedoch nicht in der Tiefe meines Seins. Ich fühlte mich geschützt und betrachtete die Geschehnisse aus einer Distanz. Ebenso fühlte ich Zuversicht, die mich durch den Frieden, den ich bei Großmutter Pila kennengelernt hatte, immer noch stärkte.

Gottes Hand lag auf mir, so kann ich im Rückblick sagen. Es war diese Ahnung im Herzen, wer ich im Verborgenen war und wem ich wirklich gehörte. Der Himmel hatte mich, als ich bei Pila lebte, mit seiner Schönheit geküsst, sodass ich den Zugang dafür nie verloren hatte. Die hoffnungsvolle und sanftmütige Liebe in mir tröstete mich, sodass ich mich trotz des erlebten Leids normal entwickelte und in vieler

Hinsicht erfolgreich war. Ich war gut in der Schule, hatte Freunde, ging viel tanzen, trieb Sport und war beliebt.

Mein Verlangen nach wahrer Lebensqualität drängte mich dazu, vieles auszuprobieren. Ich wollte mich lebendig fühlen. Ich liebte das Abenteuer. Damals faszinierte mich der Roman «Die rote Zora und ihre Bande», in dem eine Gruppe von Waisenkindern gemeinsam in einer Burgruine lebt und durch dick und dünn zusammenhält.

Auf eigenen Füßen stehen

Sehr früh zog ich von zu Hause aus und nahm mir noch während meiner ersten Ausbildung zur Dentalassistentin eine Wohnung. Meine Schwestern wurden schwer drogenabhängig und es kam zu weiterem Missbrauch innerhalb meiner Verwandtschaft. Das Schweigen darüber bestürzte mich und ich sah keine andere Lösung, als mich auf meine innere Selbstständigkeit zu beziehen. So traute ich mir zu, auf eigenen Füßen zu stehen. Ich ließ mir den Glauben an die Kraft der Liebe trotz der Umstände nicht nehmen und wartete auf Gerechtigkeit.

Ich stützte mich auf meine eigene Stärke, war mutig und doch noch so naiv, denn ich sah in Jedem das Gute und kannte die List des Teufels noch nicht. Ich besaß eine Fähigkeit, großes Mitgefühl und Verständnis für andere Menschen oder Gruppen zu haben, und bot mich an zu helfen. So half ich meinen Schwestern beim Drogenentzug, nahm andere auf, die kurzweilig eine Bleibe brauchten, und war einfach für sie da. Ich wusste, dass es meine Bestimmung war, anderen Menschen zu helfen, und fühlte mich im Wesenskern bestätigt.

Dieser Zugang zum Wesenskern war in mir ganz frei und auf natürliche Weise vorhanden. Jeder Mensch hat diese Zugänge, einer bewusst, der andere eher unbewusst. Aber er ist vorhanden.

Ich wollte die Welt entdecken und für die Gerechtigkeit einstehen. So zog mich die soziale Berufung an, wo ich meine Empathie und Fürsorge einbringen und entwickeln konnte. In meinem Studium zur Sozialpädagogin fühlte ich mich gefördert und lernte gern. Meine Intuition und meine Kraft verhalfen mir, das Leben zu meistern. Ich wusste, was ich wollte, und verfolgte zielstrebig meine Berufung. Ich stützte mich mehr und mehr auf meine Kraft und war siegessicher, meine Ziele zu erreichen. Beruflich gelang mir, was ich wollte, und ich suchte Gott nicht mehr wie früher. Ich merkte nicht, wie ich den Zugang zu meiner inneren Quelle immer mehr verdrängte.

Was hat das mit einem Stall zu tun?

Wer bist du wirklich?

Durch die Entwicklung der Persönlichkeit baut der Herr sein Haus. Wenn wir vom Kind zu Jugendlichen und weiter zu jungen Erwachsenen reifen, lernen wir unsere Stärken und Schwächen besser kennen. Wir alle haben eine Bestimmung im Leben. Intuitiv wissen wir, wo wir uns hingezogen fühlen, und lassen Träume von einer besseren Welt entstehen, in der wir eine wesentliche Rolle einnehmen.
Unser Potenzial ist ohne unser Zutun in uns angelegt. Aber wir tragen eine Verantwortung, was wir damit machen. Jedes Mal, wenn du dich in deinen Gaben entdeckst, leuchtet ein Licht in dir auf, weil es mit dem Wesen Gottes einen Anklang findet. Es geht nicht nur um große Gaben, sondern auch darum, was dich ausmacht.

Fragen zur Reflexion

Wenn du auf dein Leben zurückblickst, stellst du vielleicht fest, dass nicht alles so verlief, wie du es dir gewünscht hast oder du gebraucht hättest. Was hat dir dabei geholfen, dir trotz der Umstände treu zu bleiben und die Person zu sein, die du jetzt bist?

Es ist nicht die Stimme deines eigenen Herzens oder deines eigenen Einfalls oder die Stimme von irgendwem. Was du da zu gewissen Zeiten tief in dir vernommen hast, was Sehnsucht, Träume, Hoffnungsschimmer ausgelöst hat – auch wenn diese schnell wieder verflogen –, das war Gottes Stimme.

Stark und majestätisch, unverkennbar kann seine Stimme sein. Dein Geist hört sie deutlich und ist sich ihrer gewiss. Oder du nimmst sie wahr als ein Flüstern in deinem Herzen – nicht greifbar, fast unhörbar, aber voller Verlangen. Fragend lauschst du ihr nach. Es bleibt eine Ahnung zurück, die dich lockt und zum Abenteuer einlädt.

- Wo entspringt die Quelle deiner Intuition?
- Was entspricht deinem Wesen?
- Was sind deine Träume?
- Was darfst du dir noch mehr zutrauen?

4. Der Umweg

Während meiner zweiten Ausbildung zur diplomierten Sozialpädagogin lebte ich mit meinem damaligen Freund zusammen. Ich war 23
Jahre alt. Sein Wesenskern war mir zum Teil ähnlich. Er war sensibel
und liebte es, in der Natur zu sein. Wir zogen aufs Land in ein kleines,
bescheidenes Haus. Im Buch von «Aviva» nenne ich ihn Kashir. So,
wie ich ihn dort an einer Stelle beschrieben habe, entwickelte er sich
zunehmend:

*Aviva fand auch in dieser Nacht wenig Schlaf. Sie dachte viel über sich
und Kashir nach. Vor einer Weile hatte sie festgestellt, dass Kashir eine
gebeugte Körperhaltung eingenommen hatte. Immer öfter führte er
Selbstgespräche und fluchte.* Der Hass scheint ihn mehr und mehr
aufzufressen, *dachte Aviva und fragte sich, wohin der Kashir von
früher mit seinen strahlenden Augen und dem freundlichen Gemüt
verschwunden war. Mehr und mehr wandelte er sich zu einem
unfreundlichen Menschen.*

Unsere Liebe war seelischer Natur. Leider beachtete ich die Anzeichen
nicht, die mich warnen sollten. Ich bekam keine Bestätigung aus der
tieferen Quelle meines Herzens. Wenn ich das Richtige tat, spürte ich
oft eine angenehme wohlwollende Wärme in Herzen. Das traf nicht
ein. Wir fanden keine Übereinstimmung, wenn es zum Beispiel um die
Frage ging, ob Gott gerecht war. Ein gemeinsamer Einklang in geistlichen Fragen stellte sich nicht ein und ich verspürte keine Ruhe darin.
Ich suchte Gott und er nicht. Ich drängte die fehlende Intuition einfach
weg. Die Anziehungskraft war stärker als die Ungewissheit in meinem
Innern. Heute weiß ich, dass ich der seelischen Verbindung zu ihm
Vorzug gab und die geistliche Ausrichtung nicht geprüft habe respek-
tive nicht prüfen wollte.

Mit 25 Jahren verspürte ich den Wunsch, Kinder zu haben. Morgens wachte ich mit dem Gedanken an meinen Kinderwunsch auf und abends ging ich mit dem Gedanken daran ins Bett. Dass wir beide eine Übereinstimmung, ein gemeinsames Ja für ein Kind hatten, verband uns noch mehr. Noch während meines Studiums zur Sozialpädagogin kamen mein Sohn und drei Jahre später meine Tochter zur Welt.

Der Friede hielt aber nicht lange an. Die Folgen meiner Entscheidungen holten mich ein, als ich die Warnungen Gottes von mir wies. Es hätte ja gereicht, mich mit meiner Herkunftsfamilie auseinanderzusetzen, aber seine Herkunft war ebenso tragisch. Sein Drogenkonsum nahm zu und die Auswirkungen genauso. Damals ging ich ohne den Hirten los, mein eigenes Leben zu leben, und geriet auf Irrwege. Ich hatte Gottes Reden aus meiner Kindheit zwar nicht vergessen, aber fühlte sie nicht mehr, diese Vaterliebe.

Lange habe ich darum gekämpft, unsere Beziehung zu retten. Nach zwölf Jahren wusste ich, dass ich mich und die Kinder vor ihm retten musste. Es wurde für uns gefährlich und ich wollte auf gar keinen Fall so ein Leben führen und daran erkranken. Als meine Tochter zwei Jahre alt war, trennte ich mich daher von ihm und war sehr dankbar, dass wir nicht geheiratet hatten. So wurden mir meine Kinder von Beginn an zugesprochen.

Ich besaß eine Entschlossenheit, meine Kinder zu beschützen. Ich hätte mir gewünscht, meine Mutter hätte damals um mich gekämpft und mich geschützt. Sie konnte zwar wie ein Löwe brüllen, aber sie war nicht in der Lage, mich zu beschützen. Das tat der Herr.

In mir wurde eine natürliche Autorität, eine Kraft freigesetzt, die tief in mir lag. Das ließ sich nicht in eine Schublade stecken und fühlte sich auch wild an. Ich würde wie ein Raubtier kämpfen, wenn es das erforderte. Ich war Mutter und wusste genau, was zu tun war. Ich musste es nicht zuerst erlernen, essen, kauen, nein, diese Zuversicht war einfach als klare Bestimmung da.

In «Aviva» begegnet die Titelheldin am Anfang der Geschichte einer Raubkatze, die diesen Wunsch nach wahrer Mutterschaft symbolisiert:

Aviva konnte geradewegs in seine Augen blicken. Was sie darin sah, erfüllte sie mit schmerzhafter Sehnsucht und Trauer. Die Augen des Tieres schienen zu ihr zu sprechen. Wie in einem Traum sah sie unbekannte Landschaften, Berge, Täler und Seen. Sie sah noch weitere Raubtiere, große Katzen gleicher Art, manche mit sandfarbenem Fell. Sie konzentrierte sich auf eine große schwarze Raubkatze mit zwei halbwüchsigen Katzenjungen, die miteinander spielten. Das schwarze Tier vor mir ist das Muttertier, wusste sie plötzlich.

Die Szene vor ihren Augen erinnerte sie an Wölfe, die sie schon oft beobachtet hatte. Wie liebevoll die Mutter den Jungen das Jagen beibrachte und sich schützend vor sie stellte!

Was hat das mit einem Stall zu tun?

Komm zum Kreuz

Deine tiefste Wahrheit über dich kann dir niemand nehmen. Sie kann höchstens verdrängt, zugeschüttet oder mit Lügen behaftet werden und für dich nicht mehr zugänglich erscheinen. So wie es in meinem Fall war. Der Irrweg, man könnte auch sagen die Verführung, schleicht sich ein, wenn du losgehst, dein eigenes Leben ohne den Hirten zu leben.

Das kann jahrzehntelang gut gehen und es scheint, als ob alles in Ordnung wäre. Was aber, wenn Stürme über dir hereinbrechen, Krankheit, Verluste, schwere Schicksalsschläge? Wenn dein Seelenschrei nach Gerechtigkeit nicht mehr zu überhören ist, spürst du, dass Gottes Liebe dich wie ein Fundament da durchtragen will? Vielleicht realisierst du umso mehr deine Abhängigkeit von Umständen und Menschen und dass sie erschüttert werden kann.

Aber Gottes Wort nicht. Erfahrungen der vertrauten Nähe mit Gott, und sei es nur ein ganz winzig kleines Stück Erlebnis, reichen. Ich rede von dem inneren Raum, der unberührbar ist, in dem Gott selbst in dir wohnt, in dem dich niemand verletzen, verführen und dir deine Würde nehmen kann. Da erfährst du, dass Gottes Wort nicht erschütterbar ist. Dieser Raum ist erfüllt von Gottes Liebe und seine Liebe will sich ausdehnen, für dich und aus dir zu den anderen. Da rate ich, zu verweilen an diesem Ort in der tiefsten Tiefe deines Herzens, wo kein anderer Mensch oder sonst eine Macht, möge sie noch so spirituell oder universell sein, hinkommen kann.

Werde demütig vor Gott und schenke ihm deine ungeteilte Aufmerksamkeit. Sorge dafür, dass dich für diese Zeit nichts ablenken kann. Lass Gedanken, die kommen, an dir vorbeiziehen und geh nicht auf sie ein. Rede mit Gott, danke ihm, dass er da ist und dich sieht. Dann sag ihm, was dich beschäftigt. Sag ihm, dass du ein Zeichen von ihm brauchst und wie du wirklich über ihn denkst. Sei ehrlich zu ihm. Es ist eine intime Angelegenheit zwischen Gott und uns, wenn wir umkehren und bekennen, wie es wirklich um uns steht.

Das schafft freien Raum im Herzen, sodass Gott darauf antworten kann. Werde zuerst leer von dem, was dich belastet. Mir hilft es, wenn ich Gott alles aufschreibe und dabei erlebe, wie meine Gedanken zur Ruhe kommen.

Fragen zur Reflexion

- Hast du falsche Entscheidungen getroffen, vielleicht aus Unwissenheit, und bist du durch die daraus resultierenden Folgen verunsichert?
- Zweifelst du an dir oder an Gott?
- Ist im Laufe der Zeit durch Prägung und weltliche Maßstäbe die Verbindung zu deiner tiefen Herzensquelle abhanden gekommen?
- Wer ist Jesus für dich, so ganz persönlich?
- Welche Sache lässt dich nicht in Ruhe?
- Was könnte dich hindern, zum Kreuz zu kommen?
- Jesus fragt: «Willst du mein Stall sein?»
- Wenn Jesus plötzlich vor deiner Tür stehen würde, wie würdest du reagieren?

5. Die Erinnerung

Nach der Trennung riss ich alle Zelte ab und zog in ein kleines ländliches Schulhaus ein. Meine Kinder konnten dort zur Schule gehen und ich war beruhigt, dass wir nicht viele weltliche Einflüsse um uns hatten. Ich wusste, dass ich alle Kraft sammeln musste, um allein für meine Kinder zu sorgen.

Von da an fing ich an, mein Leben in Ordnung zu bringen. Ich klärte meine Beziehung mit meiner Verwandtschaft und sprach offen aus, worüber sie schwiegen. Ich hatte sozusagen den Teppich gekehrt und sichtbar gemacht, was darunterlag. Es fiel mir nicht schwer, ihnen zu vergeben, und doch musste ich auf Abstand gehen. Gott rief mich, ihm zu folgen und alles hinter mir zu lassen.

Es gab Zeiten, da konnte ich Gott tatsächlich nicht glauben, dass er wirklich gut war, und klagte IHN wegen meines Leids an. Eines Nachts wurde ich von einer Stimme geweckt, die mich beim Namen rief. Ich hörte es akustisch, als ob jemand im Zimmer war und mich rief. Eine geheimnisvolle heilige Gegenwart war im Raum. Ich wusste, es war Gott, mein Vater. Ich traute mich nicht, etwas zu sagen, denn ich hatte Ehrfurcht.

Die darauffolgende Nacht wurde ich abermals akustisch hörbar von der Stimme Gottes geweckt. Er sagte auf eine unbeschreiblich liebevolle, aber traurige Art: «Vesna, hast du mich denn ganz vergessen?» Ich muss im Schlaf geweint haben, denn meine Augen waren feucht. Diesmal ging es nicht um das Fundament, sondern um unsere persönliche Beziehung. Es fühlte sich an, als ob Gott mich vermisst hätte oder sich nach mir persönlich sehnte.

Dass Gott akustisch, laut zu Menschen sprach, wusste ich, aber zu mir? Wer war ich schon? In dem Moment wusste ich: Es war Zeit, mich mit Gott und meinem Schicksal zu versöhnen. In «Aviva» habe ich dieses Erlebnis als zentrale Wendung im Buch verarbeitet:

«Aviva, Aviva!» Sie erwachte. Wer ruft nach mir? Es musste jemand in ihrem Zelt sein. Eine starke Traurigkeit war beim Klang dieser Stimme mitgeschwungen. Aviva hob langsam ihren Kopf, aber da war niemand. Doch als sie ihren Kopf wieder sinken ließ, hallte die Stimme immer noch im Raum und verebbte nur langsam. Sie war dankbar für die Wärme ihres kleinen Sohnes Darren und ihrer Tochter Nada, die rechts und links neben ihr schliefen. Sie fragte sich, ob es die Stimme von Kruna gewesen war. Ähnliche Stimmen hatte sie schon oft gehört, seit sie in der Wüste lebte – sie wurde heimgesucht von vielen Einflüsterungen der Einsamkeit und der Magie der Wüstenseele. Aber diese Stimme klang so vertraut. Sie stammte von jemandem, der sie bis ins tiefste Innere kannte.

Nach langem Umweg kam ich wieder in eine vertraute und persönliche Beziehung zu Gott. Eine tiefe Erkenntnis, dass mich niemand und nichts aus Gottes Hand reißen kann, erfasste mich und ein Ziehen zu Jesus hin entbrannte in meinem Herzen.

Gott holte mich aus allem heraus. Ich fühlte mich geradezu von ihm gezogen, direkt in seine Kirchengemeinde. Es war eine kleine, familiäre evangelische Gemeinde, die sehr auf das Wort der Bibel achtete. Ich lernte dort von Grund auf die Schrift kennen. Gott warf mir nichts vor, sondern wandte sich mir zu, als ob es keine Unterbrechung unserer Beziehung gegeben hätte. Es ging dort weiter, wo es aufgehört hatte.

Zuerst realisierte ich nicht, dass ich im Stillen zu Jesus redete. Als ich es merkte, erkannte ich, dass ich noch meine Zweifel über ihn hatte. Jesus wusste um mein tiefes Misstrauen und meine Angst, wieder getäuscht zu werden, und offenbarte sich mir durch die folgende Vision.

Ich sah mich in einer Grotte und betrachtete eine in Stein gemeißelte Skulptur. Ein großer, sehr großer Mann mit Bart und langem Kleid, der umgürtet war, war darin abgebildet. Plötzlich verwandelte sich die Skulptur und wurde lebendig. Sie sah aus wie ein Mensch. Seine strahlenden Augen blickten mir bis in die Tiefe meiner Seele.

5. Die Erinnerung

Gütig, liebend und allwissend. Es war mir, als ob sie sagen würden: «Meine Vesna.»

Eine vertraute Zärtlichkeit und Güte umhüllten mich. Sein Gesicht strahlte und sein Bart war weiß. Sein weißes Kleid reichte ihm bis zu den Füßen. Da streckte er seine Hand zu mir aus und ich ergriff sie. Von dieser Berührung aus breitete sich sein Licht aus, erfüllte meinen Arm weiter, bis es mich ganz ausfüllte. Dann sah ich mich emporgehoben und betrachtete mit ihm das Universum. Eine Intelligenz erfasste mich, sodass ich jede Bewegung im All und in der Welt zuordnen konnte, und ich wusste, weshalb die Menschen oder Tiere genau dort waren. Es hatte alles einen Sinn und war geordnet. Dann betrachtete ich die Sterne und wusste, wer sie waren und warum sie genau dort leuchteten, wo sie leuchten sollten.

Ich erwachte und wusste, dass ich Jesus gesehen hatte. Er und die Stimme Gottes waren eins. Ich wusste es einfach. Jesus sagte: «Wer mich sieht, sieht den, der mich gesandt hat.» (Johannes 12,45 NGÜ) Da erinnerte ich mich an meinen kindlichen Wunsch, als ich bei Großmutter Pila lebte. Ich hatte mir gewünscht, ein brennender Stern würde vom Himmel herabkommen und sich in meinen Bauch legen. Die Vision zeigte mir den Sinn des kindlichen Wunsches und ich freute mich.

Eine Gewissheit über seine Identität legte sich in mein Herz. Ich erkannte die heilige und vertraute Souveränität Gottes. Die tiefste Quelle in meinem Herzen jubelte vor Freude, als ich die Stimme Gottes wiedererkannte. Für mich gab es keine Zweifel mehr. Ich ließ mich taufen auf den Namen des Vaters und des Sohnes und des Heiligen Geistes. Endlich begriff ich, dass Jesus auch die finsteren unsichtbaren Bereiche am Kreuz besiegt hatte.

Würden wir doch mehr Gottes Vaterherz fühlen können, wie er uns liebt, und sein Vertrauen in uns erkennen. Er vertraute uns seinen Sohn an, der ganz Mensch wurde und doch Gott war. Nun, wie konnte ich als kleines Kind wissen, ein Kind Gottes zu sein, ohne Jesus gekannt zu haben?

Ganz einfach: Die Vaterschaft ist immer gegenwärtig und Gott hat mich aus seinem eigenen Willen heraus bereits früh erkennen lassen, dass ich die Seine war. Und wohin zog er mich? Zu Jesus!

Mit der Zeit und den Jahren wurde ich gefestigt im Glauben und erlebte, wie Gottes Geist durch das Wort der Bibel direkt zu mir sprach. Aber um mit Jesus sein Reich zu bauen, muss man die Schrift kennen. Bevor ich die Schrift der Bibel kannte, sprach Gott durch meine Gaben zu mir, durch Träume, Visionen und Prophetien.

Gott ist ein Gott der Ordnung und der Wiederherstellung seiner Berufung für uns. Wahre Autorität und geistliche Mündigkeit erlangen wir, indem wir das Wort Gottes kennen und unser Herz immer mehr zum Glauben kommt. Das ist das Werk des Heiligen Geistes. Er liebt es, die Herzen mit Liebes-Feuer anzuzünden.

Wiederaufbau

Die Zeit war nun reif, dass ich mich meinen tiefsten Ängsten und Schmerzen stellen musste. Der Prozess ging an die Wurzel. In der Traumatherapie wird von Hirnsynapsen gesprochen, die sich im menschlichen Hirn so verbinden, dass der Mensch den Schock oder das Traumageschehen überleben kann. Alle unnötigen Wahrnehmungen und Handlungen werden vom Hirn aus stillgelegt, um vom gezielten Verhalten zum instinktiven Verhalten zu schalten. Ich war bestürzt und realisierte erst hier das ganze Ausmaß meines Traumas. Eigentlich klopfte die Manifestierung einer Erkrankung an meine Tür. Ich ließ es aber nicht zu und weigerte mich zu glauben, dass das Gottes Wille für mich war.

Als Dolmetscherin für kriegstraumatisierte Menschen aus Bosnien durfte ich viel über das Posttraumatische Belastungssyndrom lernen. Ich wurde zu Kliniken und Psychotherapeuten gerufen, bis mir eine Schulung in der Traumatherapie angeboten wurde und ich mit Traumapatienten arbeiten konnte.

Mit der dritten Ausbildung zur medizinischen Masseurin konnte ich eine Praxis führen, und durch weitere Schulungen zur christlich-psychologischen Lebensberaterin und Traumatherapeutin war es mir möglich, meine Gaben einzusetzen. Meine Arbeitszeit konnte ich so legen, dass ich für meine Kinder sorgen konnte. Es gelang mir nicht immer gut, anfangs hatte ich zwei Jobs, einen in der Praxis, andere in den Kliniken, aber es wurde gut.

Ich habe wahrhaft Gottes Treue und Wiederaufbau auf wunderbare Weise erlebt. Beim weiteren Umzug in ein älteres Landhaus mit viel Garten wurden meine Kinder und ich beschenkt. Wir bekamen ein Stück Heimat. Am ersten Abend des Einzugs, draußen auf der Veranda, spürte ich einen Kuss an meiner Wange. Ein angenehmes Prickeln durchflutete mich in diesem Augenblick und ich bekam den Eindruck, dass wir hier nicht allein wohnten; Engel umgaben uns. Es war heiliger Boden.

Seit dreizehn Jahren wohne ich nun in diesem Haus und liebe es genauso wie am ersten Tag meines Einzugs. Es ist ein Ort geworden für viele Gemeinschaften, Gebete, Heilungen und Lobpreis. Ich bin unserem Familienfreund Reto unsagbar dankbar, dass er uns ermöglicht hat, das Haus zu übernehmen.

Mein Zusammenleben mit Gott, Jesus und Gottes Geist verwob sich in mein Bewusstsein, mein Denken, der Erziehung meiner Kinder, meine Einkäufe, meine Entscheidungen, meine Arbeit. Meine Kinder waren gute Kinder. Sie machten es mir sehr leicht und hielten zu mir.

Manchmal zeigte mir Gott die Berufungen für sie. Mein Sohn hat eine Gabe, dass man bei ihm zur Ruhe kommen kann. Ohne sein Wissen wurde ich durch seine Gegenwart oft beruhigt und ich spürte Gottes Glauben an ihn. Meine Tochter begeistert mich mit ihrer Kreativität. Sie trägt eine Kraft in sich und strahlt eine würdige Schönheit aus. Beide sind jetzt erwachsen und ich bin sehr stolz auf sie.

Was hat das mit einem Stall zu tun?

Gott möchte eine persönliche Beziehung mit dir haben

Gott möchte nicht, dass wir etwas für ihn tun, um seine Gerechtigkeit zu empfangen. Gott wünscht sich, dass wir Jesus empfangen, sein Geschenk der Liebe annehmen und unser Herz verstehen kann, was er für dich und mich am Kreuz vollbracht hat. Es ist ein Verstehen im Herzen, nicht in unserer Psyche, denn im Herzen, wo die Liebesquelle entspringt, baut Jesus seinen Stall.

Wenn du dich wieder ihm persönlich zuwendest und ihm erlaubst, sein Licht und seine Liebe in dir auszudehnen, wirst du das Wesen seines Herzens erfahren. Eine Romanze könnte hier entstehen. Er wird dich erkennen lassen, warum er allein die Tür zum Vater ist.

Oft übernehmen wir diesen Glauben und verstehen es doch nicht. Es ist eine Sache des Herzens. Er wird dich nicht überfordern oder dir etwas überstülpen wollen. Er weiß um dich und setzt dort an, wo du ihm einst nahe warst, auch ohne dein bewusstes Wissen. Die Tiefe deines Herzens hat eine eigene Sprache und ist unserem Verstand nicht immer zugänglich. Jesus will dich noch so viel mehr lieben dürfen, bis du erkennst, dass er alles gegeben hat und du nichts mehr dazugeben kannst.

Er möchte an unseren Herzen arbeiten dürfen, damit wir die Freiheit als Gottes Söhne und Töchter leben können, die er für uns erworben hat. Jedoch ist es an dir, dir diese Freiheit anzueignen. Es ist schon vollbracht. Die Ansätze dafür sind bereits im Herzen angelegt und du wirst erkennen, wie wunderbar du bist.

Jesus möchte dein Hirte sein. Wen er sucht, den findet er auch. Er sieht dich, heilt deine Wunden und stellt dich wieder her. Wenn du Jesus in dein Leben reinlässt, dort, wo er bislang nicht sein durfte, erfährst du eine innere Freiheit. Vielleicht entspringt ein Gefühl von Reue darüber, was du getan hast. Lehne dich an seine Schulter an, denn er wird dich trösten. Dann bitte ihn um Vergebung und vergib du denen, die dir Leid zugefügt haben. Das ist der Schlüssel für deine Freiheit. Seine Kraft der Überwindung zeigt sein gütiges und gnädiges Herz. Altes räumt er ab und baut Neues auf und du stellst fest, dass da niemand mehr ist, der dich anklagt. Eine persönliche Beziehung mit Jesus ist das tragende Fundament, das sich zu einer Säule entwickelt.

Fragen zur Reflexion

Wenn du bis dahin nicht dein Leben Jesus gegeben hast und dich trotzdem Kind Gottes nennst, wirst du in einer Wüste des einsamen Suchens nach Erlösung stecken bleiben. Jetzt ist die Zeit, wo dein Entschluss eine wesentliche Rolle spielt und du dem inneren Drängen nach Veränderung und deinem Seelenfrieden nachgibst.

Jesus erinnert dich, dass du nicht allein bist mit deinen Problemen und du zu ihm umkehren kannst. Wenn du das tust, wirst du nicht verurteilt, sondern in eine tiefere Beziehung zu Vater, Sohn und Heiligem

Geist hineingezogen. Vielleicht verstehst du nicht, warum dir immer wieder die gleichen Fehler passieren und du immer wieder verletzt wirst. Jesus wird mit dir an die Wurzel gehen und dich frei machen.

- Wann hast du Jesus das erste Mal persönlich gespürt?
- Was ist deine Geschichte mit Jesus?
- Welche Bereiche deines Herzens sind noch verschlossen?
- Wofür bist du Jesus dankbar?
- Wie nahe darf dir Jesus kommen?
- Wie nahe möchtest du Jesus sein?
- Wie würdest du deine persönliche Beziehung mit Jesus beschreiben?

6. *Der Ruf nach innen*

Meine Hände waren gesegnet, denn viele erhielten auf übernatürliche Weise Heilung und wurden getröstet. Nach vierzehn Jahren Praxistätigkeit schmerzten meine Hände jedoch und ich wusste nicht, wie lange ich noch in der Lage sein würde, zu massieren. Meine Kinder wohnten inzwischen nicht mehr bei mir und ich verspürte den Ruf, mich neu auszurichten. Ich war von der Körperarbeit erschöpft. Obwohl ich vielen Menschen helfen konnte, musste ich nach neuen Lösungen suchen.

Aus der innigen Beziehung zu Jesus ging ich viele Risiken ein und folgte seinem Drängen in mir. Zuletzt ließ ich mich auf das Abenteuer ein, mich nur auf ihn und seine Versorgung zu verlassen. Dies hatte er mir unmissverständlich durch wiederholte Träume gesagt, bis ich es tat. 2017 löste ich meine Praxis auf und zog mich, so gut ich konnte, aus dem weltlichen Geschehen zurück. Obwohl ich in meinem Leben viel Mangel erfahren habe, empfand ich mich als reich und fühlte mich auch frei, Gott um Dinge zu bitten, die bei manch anderen Kopfschütteln auslösten.

Ich lernte, mit sehr wenig Geld auszukommen. Es reichte nicht für den Lebensunterhalt. Gott müsste mich doch versorgen. «Gib uns unser tägliches Brot heute.» Ich bekam kein monatliches Gehalt, sondern wurde trainiert zu vertrauen, ob Gott mich tatsächlich versorgen würde.

Auf diesem Weg kam dann die klare und konkrete Aufforderung, mein erstes Buch zu schreiben: «Aviva und die Stimme aus der Wüste». Zuerst war mir beim Schreiben unklar, wie ich überhaupt vorgehen sollte. Meine Autobiografie war sehr komplex und man könnte meinen unglaubwürdig. Wo würde ich anfangen, wie eine Szene beenden? Ich wartete jeweils, bis ich die Stimme Gottes in mir vernahm, die mir sagte, wie es weitergehen sollte. Andere nennen es Intuition oder Inspiration, bei mir waren es oft Träume oder inspirative und fantasievolle Eindrücke, die ungefragt zu mir kamen. Aus diesem Grund wurde es zu einem geistlichen Fantasyroman. Das schien mir am passendsten zu sein.

Nach der Praxisauflösung widmete ich mich also dem Schreiben und nahm eine Teilzeitstelle als Pädagogin an einer Schule an. Inzwischen wechselte ich von meiner Kirchengemeinde in das Gebetshaus hop Basel. Da setzte mich der Herr im prophetischen Gebet und in der Gebetsleitung ein. Ich empfand mich immer noch als ein Teil der Gemeinschaft, von lieben Menschen umgeben und unterstützt. Mein Buch erschien im Jahre 2020 und ich dachte, dass ich mich danach wieder in der Welt engagieren möchte.

Wertvoll

Eine Rückmeldung und Reaktion auf das Buch fassen zusammen, was mir viele mitteilten.

Gestern Abend habe ich Dein Buch zu Ende gelesen.

Es war für mich sehr bewegend, da ich das Privileg empfinde, Dich persönlich zu kennen, auch einen Teil Deiner Geschichte. Ich habe das Gefühl, Du lässt den Leser in Dein Leben blicken und in Deine Seele.

Für mich hörte die Spannung nie auf. Was mich sehr beeindruckt hat, ist die Geschichte mit der Unterwelt, und besonders, wie Aviva da wieder rauskam. Ich habe den Eindruck, das sind Erzählungen, die nicht nur der menschlichen Fantasie entsprungen sein können. Sie übersteigen das Vorstellbare.

Das Buch ermutigt mich, diese Stimme von Gott auch hören zu lernen – mehr denn je. Und es ist besonders, dass sie von Anfang an immer da war! Das redet mir aus der Seele. ...

Das Ende ist so schlicht ... so einfach ... und doch so überwältigend! Am Ende spürt man diese Ruhe, die endlich eingekehrt ist! ...

Das Buch ist nicht wie viele. Es ist mit Abstand etwas ganz anderes, das ich so noch nie gekannt habe.

Ich glaube, Du selbst bist eben diese Aviva, die in keine Schublade passt. Die viel unglaublich Schlimmes erlebt-überlebt hat. Und daraus aber Stärke gewonnen hat. Und den Blick nach vorn nie aus den Augen gelassen hat. ...

Danke, Vesna, für Dein Vertrauen und Deinen Einblick in Deine Geheimnisse. Danke für den Weg, den wir miterleben durften, in der Entstehung dieses Buches! Es ist so einzigartig ...

Zeit der Beschneidung

Die Umstände sprachen völlig gegen meine Pläne, denn ich konnte mein Arbeitspensum nicht erhöhen und verstand nicht, warum Gott mir Türen seiner Versorgung nicht öffnete. Einzelne Freunde fingen an, mich zu unterstützen, andere wandten sich von mir ab. Mit einer Teilzeitstelle als Pädagogin an der Schule reichte es finanziell immer noch nicht aus. Meine Beratungen als christlich-psychologische Beraterin sanken auf das Minimum und mit meinem Buch verdiente ich wenig.

Bis auf regelmäßige kleine Hausgemeinschafs-Treffen bei mir zu Hause wurde ich durch den Corona-Lockdown noch mehr isoliert. Die Armut schlug mir ins Gesicht. Der finanzielle Mangel einerseits, meine persönliche vertraute Beziehung zu Jesus andererseits standen sich gegenüber. Es war mir, als ob Gott von mir nicht ablassen wollte, bis ich begriff, dass er es sehr ernst meinte damit, mich noch tiefer zu dieser Person zu formen, die ich sein sollte. Ja, ich fühlte mich von IHM nicht in Ruhe gelassen. Eine geistliche Wüstenzeit trat ein und ich hatte keine Ahnung, wie ich da herauskommen würde.

Ich war nur froh, dass mein Sohn und meine Tochter bereits außer Haus waren und diese Prozesse nur am Rande mitbekamen. Während unzähliger schlafloser Nächte fühlte ich mich von Gott geistlich entrückt und es war mir, als ob ich in Gottes persönlicher Kammer weilte und von ihm lernte. Tags darauf war ich nicht in der Lage, etwas Vernünftiges zu tun oder zu leisten. Meine Kräfte reichten nur für das Nötigste. Nach außen muss ich wohl als depressiv gegolten haben. Nur Gott und ich wissen, dass ich es nicht war. Nachts fing für Gott sein Arbeitstag mit mir an.

Seelisch war ich ein Häufchen Elend, aber im Geist wurde ich auf eine unbeschreibliche Art emporgehoben und mit viel Licht und Liebe gefüllt, bis meine Seele anfing zu überwinden. Gott zeigte mir meine Steine in meinem Herzen, während er sie rausnahm. Ihm reichte nicht, dass ich vergab, er wollte, dass ich liebe, aber nicht aus meiner persönlichen Liebe heraus, sondern mit seiner Liebe.

Im Geist war ich hellwach und sah Gottes Hände, die mich wie Ton kneteten oder auch wie ein Schwert beschlugen, dass man während dieses Prozesses ins Feuer und dann wieder ins kalte Wasser hält. Und das tat sehr weh. Das tägliche Brot für mich war, die Waffenrüstung Gottes zu kauen, bis ich damit verschmolz. Als sich mein natürlicher Schlaf wieder einstellte, sehnte ich mich wieder zurück nach den schlaflosen Nächten.

Jedenfalls kam ich verwandelt aus diesen Ereignissen heraus. Eine Liebe und intime Vertrautheit mit Jesus erlaubten mir, sagen zu dürfen: «Ich bin eine Freundin des Herrn.» In der Welt, in meinen Umständen, sah man noch keine Früchte dieser Prozesse und Gott schwieg dazu weiterhin. Ich musste die Wüste oder Fastenzeit bis zum Schluss gehen.

Wie es wohl Maria, der Mutter Jesu, erging, als sie vom Heiligen Geist schwanger wurde? Josef, ihr Verlobter, glaubte ihr nur, weil ein Engel Gottes ihm erschien und für Maria eintrat. Für mich trat ein Traum auf, der mir Mut und Gottes Bestätigung gab:

Ich fuhr mit einer einfachen Kutsche von einem schwarzen Pferd gezogen auf einem dunklen Weg. Das Pferd rannte sehr schnell. Rechts und links waren Wald und Landschaften, nicht deutlich zu erkennen, da es zu dunkel war. Ein kleines Auto wich rechts aus, damit ich es überholen konnte. Das Pferd kam vor einer großen Scheune zum Stehen. Ich löste es von der Kutsche und führte es ins Innere der Scheune zum Heuballen. Mir fiel auf, dass das Pferd übernatürlich groß war.

Ein Mönch empfing mich freudig ausrufend: «Du bist ja schon da und die Erste! Die anderen müssten auch gleich eintreffen.» Ich sah mich um. Eine geräumige Scheune bot viel Platz, mit großem Holztisch, Stühlen. Ich sah eine Kaffeemaschine und dachte: Ich hätte noch Zeit, um einen Kaffee zu trinken. Der Mönch hat mich und die, die noch kommen sollen, eindeutig erwartet. Doch verwundert fragte er mich: «Wie konntest du nur so schnell hierherkommen?» Ich schaute zu dem großen Pferd, legte eine Hand auf seinen Kopf und sagte: «Dank ihm.»

Da sah ich am Gesicht des Pferdes, dass es sich über das Lob freute; die Freude, die von ihm ausging, konnte ich deutlich spüren. Seine Augen waren schwarz und gerötet, es schien mich genau anzuschauen. Plötzlich wusste ich, dieses Pferd war das Schwarze Pferd der Hungersnot. Ich hatte Autorität darüber. Ich ging nach draußen in die Dunkelheit. Drei große, in Licht gehüllte Sonnenblumen standen hochgewachsen mit großen Köpfen vor mir und strahlten mich an. Sie wirkten wie Scheinwerfer auf mich. Der dreieinige Gott, der Licht im Dunkeln gibt. Ich versank in dem Licht.

In der Bibel steht geschrieben: «Da rief eine von den vier Gestalten: ‹Für den Lohn eines ganzen Arbeitstages gibt es ein Kilo Weizen oder drei Kilo Gerste. Nur von den Luxusgütern – Öl und Wein – ist genug da!›» (vgl. Offenbarung 6,6). Während ich das schreibe, wird soeben die Ausfuhr des Getreides aus der Ukraine durch den Krieg verhindert. Der Preis für Getreide steigt. Öl steht für den Geist Gottes, der Wein für das Blut Jesu. Da ist kein Mangel. Ich wusste, den Mangel werde ich überwinden und der Herr wird mich versorgen.

Nachfolge

Die Investition an Zeit und die vielen Prozesse, die Konfrontationen, Hoffnung und Erwartungen erschöpften mich, aber ich blieb dem Glauben treu, der gewissen Ahnung, dass jetzt noch nicht das Ende war. Alles lief immer noch nach Gottes Plan. Ich fühlte mich jahrzehntelang schwanger mit meiner eigenen Lebensgeschichte, die mir erst dann einen Sinn gab, als ich es durchleben musste und mich ganz für Gottes Führung entschied.

Mein Charakter musste geschliffen werden und ich durfte nachreifen und mündig werden, wo ich mich geistlich und seelisch nicht weiterentwickelt hatte. Die Tiefe meiner Persönlichkeit und die Weite meiner geistlichen Kapazität veränderten sich. Jesus flickt nicht, er macht neu. Dabei ging es nicht darum, dass ich tatenlos zusah, sondern mit Gottes Geist kooperierte.

Die Spannung, in der ich mich befand, war kaum auszuhalten. Ich fühlte mich allein mit Gott, so empfand ich es jedenfalls, und spürte deutlich, dass er mich für etwas Bestimmtes wollte. Ich wusste einfach, dass ich aus diesem Zustand nicht entrinnen konnte. Auf meine

Kraft konnte ich nicht mehr bauen und auch nicht auf die Menschen um mich herum. In dieser Wüstenzeit, der geistlichen als auch der natürlichen, musste ich zutiefst im Herzen erkennen, wie klein und abhängig ich von Gott war. Die erste Frucht des Charakters war eine tiefere Ebene der Demut und Ehrfurcht Gott gegenüber. Meine Selbstbestimmung verschmolz immer mehr zur Gottbestimmung.

Ich spürte förmlich, in wie vielen Situationen ich Gott verletzte, und doch vergab er mir. Vergebung ist das Schönste, was wir bekommen haben, und wir sollten uns nicht darüber stellen. Das erspart uns sehr viel Leid.

Je mehr ich verstand und wahrhaft erkannte, welch eine gewaltige und doch so sanfte Autorität Gottes in mir wohnte, umso mehr kam ich aus dem Staunen nicht heraus.

Hingabe

Manchmal kam es mir vor, als ob der Geist Gottes mir die Wahl gab, zurückzukehren in das System, das ich verlassen hatte. Bei Zeiten der Wahl spürte ich Gott nicht, nur mich selbst und es war mir, dass ich jetzt aus freien Stücken entscheiden sollte. Und ich bin gewiss, dass er es gesegnet hätte, wäre ich zurückgegangen und die Menschen um mich hätten vielleicht beruhigt aufgeatmet. Die Sorge um mich, aber auch die Frage, wie weit will der Herr mit mir gehen, waren sehr spürbar.

Eines Abends saß ich mit Grace Evangelista, einer wunderbaren Lobpreissängerin, gemeinsam im Gebetshaus. Sie spielte auf dem Keyboard eine sanfte Melodie. Von den Klängen inspiriert sah ich mich in der biblischen Geschichte von Ruth wieder, als sie sich nicht zurückdrängen ließ. In mir entstand ein Lied, das ich als Antwort meiner freien Herzenswahl schrieb.

Liebeslied

Du hast mich berührt,
wie eine sanfte Brise im Wind.
Ich wusste nicht, was mit mir geschah,
wusste aber, da ist jemand,
der mir gütig ins Herz sah.

Mein Geist ist erfüllt mit Deiner Gegenwart.
Du hast mich gerufen und mich geweckt.
Mit Kraft und Mut hast Du mich gesegnet und mir gesagt,
ich bin Dein geliebtes Kind.

Wie könnte ich bleiben, wo ich war?
Mit Dir zu laufen ist alles, was ich jetzt will.

Was ich mir vorstellte, geht an mir vorbei,
Du aber sagst: (vgl. Ruth 1,11)
«Kehr um, meine Tochter!
Warum willst du mit mir sein?»

Du hast mich berührt
und jetzt kann ich nicht anders. (vgl. Ruth 1,16)
Dringe nicht in mich, dass ich dich verlasse
und mich von dir abwenden soll!
Denn wo du hingehst,
da will ich auch hingehen,
und wo du bleibst, da will ich auch bleiben.

Meine Füße tragen mich weiter zu Nationen,
denn von Dir, mein Gott, will ich erzählen;
meine Freude, Trauer, Leid und Glück umarme ich und sage:
«Es ist gut so, wie es ist.»

Du, mein Gott, gibst mir neu Deinen Sohn Jesus höchstpersönlich.
Eine Heimat in seiner Gegenwart.
Wie könnte ich dich verlassen, der Du es bist,
der mich küsst, mich rufst und mein Glück bist?

So dringe nicht in mich, dass ich dich verlasse
und mich von dir abwenden soll!
Denn wo du hingehst, da will ich auch hingehen,
und wo du bleibst, da will ich auch bleiben.

Was hat das mit einem Stall zu tun?

Wüstenzeit

Mir war die Tragweite der Armut bewusst. Meine Eltern, die Generationen davor – alle litten darunter und vererbten es den nachfolgenden Generationen. Solange ich aus eigener Kraft für mein Leben sorgte, ging das einigermaßen gut. Aber der Herr forderte mich auf, ihm in die Wüste zu folgen und nur von ihm abhängig zu sein. Mein Herz musste zubereitet werden für seinen Plan mit mir. Ich sollte ein unumstößliches Vertrauen erlangen und die Folgen meines «Ja» zu Jesus kosten. Obwohl diese Prozesse herzzerreißend waren, waren sie doch so heilsam und ich wollte auf keinen Fall zurück in die weltliche Sicherheit. Ich griff nach dem Öl und dem Wein.

Ich bin überzeugt, dass es jedem Menschen guttun würde, für eine bestimmte Zeit zu fasten, um Ballast abzuwerfen. Bei mir waren es mein Stolz, die Rebellion, die Unabhängigkeit von Gott, mein Selbstmitleid, die Kompromisse, die Bitterkeit. Sie können auf Dauer nicht bestehen, wenn Jesus fragt: «Willst du mein Stall sein?»

Diese Prozesse dauern ein Leben lang, weil die Sünde uns verführen will. Das Wort Gottes ist aber stärker und du bist nicht allein. Die Bescheidenheit des eigenen Charakters anzustreben, ist nicht nur eine Tugend, sondern eine der Voraussetzungen, damit du die Gnade Gottes in allen Dimensionen empfangen kannst. Dein Geist muss frei werden, um wieder in Kontakt zu kommen, unabhängig von Religion und Kultur, mit dem, was auf deinem tiefen Herzensboden geschrieben steht. In diesen Prozessen scheidet sich Wahrheit von Lüge, Mut von Angst, Freiheit von Gefangenschaft.

Manchmal entweicht uns ein Seufzer aus unserem Herzen und wir bekennen insgeheim: «Eigentlich weiß ich, dass ich eine bestimmte Aufgabe oder eine Verheißung in mir trage, welche darauf hofft, erfasst zu werden.» Zuerst ist sie verborgen und muss behütet und genährt werden. Wie in einem Stall geborgen und für die Welt nicht sichtbar. Aus diesem Grund ist Jesus in die Welt gekommen und will mit dir und durch dich die Samen seiner Liebe säen.

Die Frage nach dem Leid führt uns zu Ihm

In meinen Beratungen wie auch in der Arbeit mit Jugendlichen erlebe ich täglich die Zuwendung Gottes zum Menschen. Auf die Frage, die mir oft gestellt wird: «Warum lässt Gott so viel Leid zu?», kann ich nicht antworten, aber ich erzähle, was ich erfahren habe – dass ich fähig bin zu überwinden. Jesus kam und überwand den Hass, der gegen ihn wütete, die Ablehnung, die Misshandlungen, die Scham und zuletzt den Tod am Kreuz stellvertretend für mich. Damit ich frei sein kann, sein Licht in mir brennen zu lassen.

Der Tausch am Kreuz führt unweigerlich in die Auferstehung. Einer Erweckung deiner Persönlichkeit durch den Heiligen Geist. Je persönlicher deine Beziehung mit Gott entsteht und dein Lebensstil in der Versöhnung mit Gott und den Menschen ist, umso mehr wirst du mit dem Heiligen Geist erfüllt. Er leitet dich in deine Bestimmung und ist dein persönlicher Berater in allen Dingen.

Fragen zur Reflexion

Wenn du einen tieferen Ruf vernimmst, deine Komfortzone zu verlassen und Jesus zu folgen, fängt er mit deiner persönlichen Geschichte an. Er zeigt dir, dass er die ganze Zeit mit dir war. In deinem Schmerz, deinem Schicksal und deinen Erfolgen. Er führt dich in eine geistliche Wüste, um dich vorzubereiten.

Das ist der Ort, wo du nur mit dem Wort Gottes durchstehen und überwinden kannst. Hier offenbart sich Gottes Geist, die lebendige Gegenwart Gottes in seinem Wort. Das ist die Essenz, welche dich verwandelt.

Am Anfang war das Wort und das Wort wurde lebendig, sodass Altes niederbrennen musste. Es sind nicht immer Folgen deiner Sündhaftigkeit, die dich in die Wüste führen; manchmal ist es der Herr, der dich herausruft und dich als Licht senden will, gerade da, wo du bist, oder auch an Orte, die er für dich vorgesehen hat.

- Was ist deine Leidenschaft und wofür brennst du?
- Was würdest du Jesus in einem Liebesbrief schreiben?
- Was ist noch deine Baustelle?
- Würdest du Jesus in die nächste Wüste folgen?

6. Der Ruf Nach Innen

7. Quellen in der Wüste

Die Wüste kann ein Ort der Läuterung deines Charakters und Freisetzung deiner Berufung sein. Die Früchte der Charakterschulung bringen eine reife und mündige Persönlichkeit hervor, mit Gaben ausgestattet, welche in dir angesetzt sind, um mit Gott, Jesus und seinem Heiligen Geist zusammenzuarbeiten und Licht in dieser Welt zu sein. Aus eigener Kraft schaffst du das nicht.

Ich rate dir, die Waffenrüstung Gottes nicht nur zu kennen, sondern in deinem Herzen entstehen zu lassen. Suche nach dem lebendigen Geist im Wort, du wirst ihn finden.

Wenn du nicht weißt, wie du gegen Resignation und Entmutigung kämpfen kannst, bleibst du vermutlich im Sand stecken. Hier bewahrheitet sich, dass das Schwert des Geistes, welches das Wort Gottes ist, Vollmacht hat. Als Jesus in die Wüste vom Heiligen Geist geführt wurde und der Teufel ihn verführen wollte, antwortete er: «Es steht geschrieben: ‹Der Mensch lebt nicht vom Brot allein, sondern von einem jeden Wort, das aus dem Mund Gottes hervorgeht.›» (Matthäus 4,4). In den weiteren Versen steht geschrieben, dass der Teufel Jesus verlassen musste.

Mein Leben ist nicht immer so verlaufen, wie ich es mir vorgestellt hatte. Ich wurde in dunkle Umstände hineingeboren und deren Folgen haben meine eigenen Pläne durchkreuzt und mich auf Umwege geführt. Doch Gott sah mich und sprach zu mir. Hier ist es wieder, das lebendige Wort Gottes, das mich festhielt. Wenn ich mich jedoch «zu weit aus dem Fenster lehnte» und in Gefahr geriet, Gott zu vergessen, zog er mich wieder näher zu sich. Das war eine sichere Quelle, die ich oft im Nachhinein erkannte.

Ich war in vieler Hinsicht mutig Gott gegenüber und in den Augen anderer «unverschämt», ihn zu bitten, sich um mich zu kümmern. Wenn er mich für sich beanspruchte, so benötigte ich seine Fürsorge in weltlichen Angelegenheiten.

Intimität

Ich wollte Gott noch mehr in meiner realen Welt erleben, nicht nur in den mystischen Momenten meiner inneren Kammer. So fing ich an, mein Leben und alles, was ich war und hatte, mit ihm zu besprechen. Die ersten zwei Stunden des Tages gehörten ihm. Leicht wurden es auch bis zu fünf Stunden und mehr, wenn ich nicht zur Arbeit ging. Ich pflegte das innere Gebet und der Herr ließ mich seine Freude spüren, dass ich ihm treu blieb und meine Kinder nach seinen Werten erzogen hatte.

Ich kämpfte gegen die finsteren Mächte, die nach ihnen griffen, und siegte. Was der Herr unter meine Autorität legte, durfte nicht verderben. Mein Auftrag vom Herrn war, meine Kinder aus den unguten Verwicklungen, in die sie hineingeboren wurden, ins sichere Land zu führen und ein neues gutes Erbe in mein Familiengeschlecht zu stellen, das bis in alle zukünftigen Generationen gelten soll. Gegen die Kraft, Autorität und Vollmacht im Wort Gottes vermag die Finsternis nicht anzukommen.

Ich lebte mit dem Herrn ein Liebesleben, wie man es sich in einer Ehe nur wünschen konnte. Der Sonntagmorgen gehörte ihm. Ich erinnere mich, dass einmal jemand am Sonntag mit mir frühstücken wollte. Bevor ich antworten konnte, hörte ich das leise und sanfte Flüstern des Herrn: «Aber das ist doch unsere Zeit.» Das machte mich so glücklich, da er mir zu verstehen gab, dass er die Zeit mit mir genoss. Ich sagte das Frühstück ab.

Die Liebe ist die Quelle deines Lebens, du darfst mehr verlangen, wenn du dich unter seiner heiligen Hand demütigst. Je mehr deine äußere Kraft unter dem Druck der Bedrängnisse schwindet, umso mehr wächst die Kraft des Heiligen Geistes und bringt Quellen des lebendigen Stromes Gottes in dir hervor.

Schöpfe täglich aus dieser Liebesquelle und werde, wer du bist. Führe einen Lebensstil der Buße und Vergebung, widerstehe den Lügen, die sich gegen dich richten, reiße die Gedankenfestungen nieder und ersetze sie mit der Wahrheit, was Gott über dich sagt.

Was hat das mit einem Stall zu tun?

«Willst du mein Stall sein?»

Jesu Stall zu sein bedeutet, gefestigt im Sturm der Gefühle und Umstände bestehen zu können. Wenn du erkannt hast, wer du wirklich bist, und den Weg mit dem Herrn gehst, wirst du mutiger und dein Verlangen, noch mehr vom Herrn haben zu wollen, wird stärker. Es ist ein Verlangen Gottes, der sich nach dir sehnt und dich anspornt, noch mehr zu lernen. Du stehst immer wieder auf, wenn dich Bedrängnisse zu Boden drücken, und bist fähig, dein Revier zu schützen und vor sichtbaren und unsichtbaren finsteren Mächten zu verteidigen.

Gott hat dich an den Ort gestellt, wo du gerade bist, und befähigt dich in deinen Umständen mit Autorität und Vollmacht, die dir anvertrauten Menschen und Orte zu behüten und zu pflegen. Sei ein Fels, ein Leuchtturm. So wie Jesus mit dir umgeht, wirst du genauso die Person, die dir gegenübersteht, behandeln. Sei ein Ort, an den Jesus Menschen schicken darf, und schenke Begegnung.

Vielleicht ertappst du dich beim Staunen über deine Freundlichkeit und nickst Gott im Stillen zu, als Dank, dass er dein Herz bestimmt. Jesus hat den Blick für den Einzelnen und begegnet ihm in Würde und auf Augenhöhe. Vielleicht ist deine Geschichte ähnlich wie der von Maria, als Jesus in einem Stall zur Welt kam. Der Sohn Gottes, das Licht in deiner Finsternis. Jetzt strahlst du weit, weil Jesus nicht nur eine Herzenskammer von dir haben darf, sondern dich ganz.

Du bist ein Segen Gottes für viele Menschen und der ganzen Schöpfung. Jesus könnte auch fragen: «Willst du ein Ausdruck meiner Liebe sein?»

Mache dich auf, werde Licht! Denn dein Licht kommt, und die
Herrlichkeit des Herrn geht auf über dir!
(Jesaja 60,1)

Fragen zur Reflexion

Am Anfang des Buches sagte ich, dass ich nicht eine historische Weihnachtsgeschichte wiedergeben möchte. Nein, ich lade dich ein, dein Leben zu einer eigenen Weihnachtsgeschichte werden zu lassen. Denn sie hat mit dir auf jeden Fall etwas zu tun. Wegen dir und mir ist Jesus gekommen.

Betrachte die Stationen deines Lebens. Wo war stets Licht in deinem Leben, in dir? Wo wurde es in deinem Leben dunkel? Wie lange musstest du Bedrängnisse und Bedrückungen zulassen und Gott hat doch alles zum Guten geführt? Dein Schmerz unter dem Druck erzählt etwas über dich und deine Geschichte. Diese Phasen deines Lebens verwandeln sich zu Perlen, die für Gott kostbar sind.

Mein Schmerz war die Ablehnung, die mich in Gottes Arme und zu seiner Wahrheit führte. Unter dem Druck war er der Einzige, dem ich vertrauen konnte, während er mich veränderte und die Krusten der Prägungen und Lügen über mich abwusch. Mit der Zeit empfand ich eine bisher nicht in dem Maß gekannte Würde, in der ich mich im Ausdruck Gottes wiedererkannte.

Wenn du genau hinschaust, siehst du das Schöne in dir, diese Kostbarkeit einer Perle, und weißt, dass du demütig zugelassen hast, abgelehnt oder nicht wertgeschätzt zu sein und vieles mehr noch. Du hast dich aber nicht verhärtet, sondern Jesus überlassen, für dich zu streiten und einzustehen.

Wenn du täglich Hand in Hand mit Jesus durch den Tag gehst, intensiviert sich die Liebe und das Licht wird stärker in dir. Die Quellen in der Wüste bringen wahrhafte Kostbarkeiten und Wunder hervor.

- Was sind die Perlen deines Lebens?
- Wo möchtest du mehr Licht in deinem Leben?
- Was begeistert dich an Jesus?
- Was ist deine persönliche Weihnachtsgeschichte?

Traue dich zu fragen: «Wie geht es dir mit mir, mein Gott?» Wie würde Gott antworten?

Nachwort

Liebe Leserin, lieber Leser,

ich möchte dich einladen, selbst die Geburtsstätte zu sein, wo Liebe und Annahme für dich selbst sein dürfen. Damit sie aus sich heraus zum Nächsten fließen und sich verschenken können. Eine Liebe, welche dir alles über dich erzählt, wer du wirklich bist und wie wunderbar dich Gott sieht. Ein Stall zu sein, der Jesus gern aufnehmen würde.

Ich meine hier explizit diesen bescheidenen unbedeutenden Stall, wo es darum geht, Gottes Sohn Jesus aufzunehmen und darauf zu vertrauen, dass er in deinem Leben alles zum Guten wenden wird und noch viel mehr, wenn du es ihm erlaubst.

Wenn du schon mit Jesus unterwegs bist, ist es wunderbar, ihm zu vertrauen, vor allem, wenn alles gut läuft. Aber wenn plötzliche Ereignisse oder Ängste in deinem Leben eintreten und dich lähmen wollen, dann bleibe da nicht stehen. Hab Mut, weiter zu vertrauen, auch wenn das Wort Gottes noch nicht eingetreten ist. Suche seine Nähe. Es ist dieser Moment, in den Gott sich weiter und tiefer nach dir ausstreckt und mit dir zum Ziel deiner Bestimmung kommen will.

Sei dieser Stall und leuchte dem Dunkel entgegen.
Du wirst den Sieg davontragen.

Danksagung

Ich danke Jens Kaldewey, der mich über Jahre als Theologe, Mentor und Seelsorger begleitet und gefördert hatte. Dein Glaube an mich stärkte mich, das Buch «Aviva» zu schreiben.

Ich danke Bernhard Mössner, dem Leiter vom Gebetshaus, Tirza Buschauer, die bereits bei «Aviva» viel korrigiert und vorlektoriert hatte und nicht von meiner Seite wich, Vreni Müller und Ursula Marti für eure Fürbitten und euren Rückenwind. Danke für eure Reflexionen und eure Stimmen zum Buch. Ihr alle habt mir sehr geholfen.

Ich danke Esther Middeler für das Lektorat und das Zusammenarbeiten an den Texten. Du hast einen wesentlichen Beitrag im Aufbau und bei der Gliederung meiner Texte geleistet. Ich hätte das nie gekonnt.

Ich danke allen weiteren Freunden und Geschwistern, die mich bis hierher begleitet und unterstützt haben, damit ich dieses kleine Buch schreiben konnte.

Vor allem danke ich meinem Sohn Denis und meiner Tochter Danuka, die in allem zu mir hielten. Sie sind ein kostbares Geschenk des Herrn. Der Segen Abrahams wohne auf ihnen.

Ich aber und mein Haus, wir wollen dem Herrn dienen!
(Josua 24,15)

Vesna Tomas

Weitere Exemplare dieses Buches und mein Roman «Aviva und die Stimme aus der Wüste» sind im Buchhandel erhältlich oder können von Lesern aus der Schweiz bestellt werden unter: vesna.tomas@bluewin.ch